1 Ernährung bei erhöhtem Cholesterinspiegel

Diese Empfehlungen bitte immer mit Ernährungsberater/in, Arzt oder Diätologen/in absprechen! Die Rezepte und Zutatenlisten unterstützen die medizinischen Therapien.

Die Kalorienangaben frischer Zutaten (Obst und Gemüse) und die Inhaltsstoffe schwanken je nach Qualität und Erntezeit. Die Inhalte wurden von einer Diätologin und einer Ernährungsberaterin für die Traditionelle Chinesische Medizin (TCM) geprüft.

Autor:
©2022 Josef Miligui
Liebe Leserinnen und Leser, ich wünsche Ihnen viel Erfolg und gutes Gelingen bei der Umstellung Ihrer Ernährung. Dieses Buch wurde aus eigener Erfahrung mit Krankheit und Ernährung geschrieben und ich habe schon immer das Zubereiten guter Speisen geschätzt. Wenn Sie nicht so geübt sind im Kochen, empfiehlt sich ein Kurs bei Ernährungsberatern oder Diätologen, die Ihnen die Grundlagen der Kochmethoden sowie die richtige Verarbeitung der Zutaten vermitteln können. Anhand der Lebensmittellisten aus diesem Buch können Sie weitere Rezepte entwickeln und entdecken.

Quelle:
Die Listen werden aus der EBNS-Datenbank für die Ernährungsberatung generiert. Die Datenbank wird von Ernährungsberater, Therapeuten und Ärzte für die Beratung der Patienten/Klienten verwendet und ermöglicht eine Kombination mehrerer Syndrome.

Literaturliste:
Wir haben die Unterlagen als Wissensbasis genutzt und an unsere Erfahrungen angepasst und ergänzt.
www.ebns.at

Herstellung und Verlag:
BoD – Books on Demand, Norderstedt
ISBN: 9783837050721

DIÄTETIK - Stoffwechsel - Fettstoffwechsel - Hypercholesterinämie (erhöhter Cholesterinspiegel)
(Buch: 042)

1.1   Vorwort

Die Weltgesundheitsorganisation (WHO) davon spricht, dass bis zu 80% der Erkrankungen durch äußere Faktoren wie Ernährung, Lebensstil, Umweltgifte und dergleichen beeinflusst werden.

Welche Faktoren also jeder einzelne von uns aktiv beeinflussen kann und somit seine Chancen auf Erhöhung der allgemein Gesundheit erzielen kann, darum geht es auf den folgenden Seiten.

Der Fokus in diesem Buch liegt auf dem Faktor mit der größten Hebelwirkung - der Ernährung.
Schon Hippokrates hat einst gesagt "Lass die Nahrung deine Medizin sein und Medizin deine Nahrung!" Kräuterpädagog:innen heute sagen so: "Es gibt für jede Krankheit das richtige Kraut."

Egal wie wir es drehen und wenden, wir sind was wir essen (und was unser Essen gegessen hat). Der moderne Mensch sieht sich gerne isoliert von seiner Umwelt. Wir entstehen aus unserer Umwelt, wir leben inmitten von ihr und wenn wir sterben gehen wir wieder in unsere Umwelt über. Während wir leben essen wir das, was in unserer Umwelt wächst (oder in Fabriken chemisch erzeugt wird). Diese Nahrung liefert die Energie und Bausteine, für den eigenen Körper, für den Stoffwechsel, Zellerneuerung, den Hormonhaushalt und damit für unser gesamtes Sein, die Gesundheit und unser Empfinden.

Hier ein paar Grundbausteine, bevor in dem Buch noch näher auf Ernährungsfaktoren eingegangen wird, die sozusagen der kleinste gemeinsame Nenner der meisten Ernährungsphilosophien sind:

- Saisonalität
  - Winterpflanzen, wie zum Beispiel verschiedene Kohlgewächse, versorgen uns mit Unmengen von Vitamin C und Bitterstoffen. Zwei Faktoren, die unser Immunsystem bei der Abwehr von der Kälte und den typischen Infekten in der Winterzeit unterstützen.
  - Sommerpflanzen wie zum Beispiel Gurken, Tomaten aber auch Zitrusfrüchte kühlen unseren aufgeheizten Körper und versorgen uns mit viel Wasser.
  - Außerdem müssen bei saisonalen Pflanzen weniger chemische Helferlein eingesetzt werden, da die

passenden Umweltfaktoren das Wachstum sowieso fördern.

- Regionalität
  - o Damit einher geht auch der Faktor der Regionalität. Regionale pflanzliche Lebensmittel werden reif geerntet und haben somit alle Nährstoffe entwickeln können. Im Gegensatz dazu wird Obst und Gemüse aus ferneren Ländern unreif geerntet und nur durch den Einsatz von chemischen Mitteln unnatürlich "nachgereift" - bzw. nur nach-gefärbt. Die Dichte der Nährstoffe und auch der Geschmack kann dabei niemals mit regionalen Lebensmitteln mithalten. (Sie haben es vielleicht schon selber erlebt, dass eine Südfrucht aus dem jeweiligen Ursprungsland dort im Urlaub viel süßer und vollmundiger schmeckt als die gleiche Frucht aus dem zentraleuropäischen Supermarkt).
- Pflanzenbasierte Ernährung
  - o Ja, diese Basis teilen selbst die Anhänger der Fleischdiät mit den Veganern. Denn bei der Fleischdiät geht es auch um Fleisch von Tieren, die sich artgerecht, sprich von vielen Gräsern und Kräutern ernährt haben. Die Masse an Getreide in der heutigen Ernährung - egal ob bei Mensch oder Tier - entspricht nicht der natürlichen Ernährungsweise. Sie macht uns krank, dick und manche behaupten sogar dumm (das weist auf die Schädigung der neuronalen Netzwerke hin, die durch den Konsum von Kohlenhydraten passiert hin). Pflanzen im Sinne von Gemüse, Kräutern, Salaten, Sprossen, in geringen Mengen Obst, Nüsse, Samen, etc. liefern neben den viel beschriebenen Vitaminen und Mineralstoffen vor allem sekundäre Pflanzenstoffe, die herausragende Heilwirkung haben. So werden eine Vielzahl unserer Medikamente auf Basis der natürlich vorkommenden Pflanzenstoffe nachgebaut. Allerdings sind da diverse Säuren und andere Wirkstoffe extrahiert und wirken nur alleine - mit den Pflanzen selbst nehmen wir sie in einer reichhaltigen und sich gegenseitig verstärkenden Kombination vielerlei wirksamer Stoffe zu uns.

Ja zusätzlich zu diesen 3 großen Punkten gibt es immer noch sehr viel zu beachten. Ein optimales Verhältnis von Omega 3 zu Omega 6 Fettsäuren (empfohlen wird 1:3), eine individuell und situationsbedingte

Eiweißversorgung und so weiter.

Eine ganz gute und einfache Richtlinie für die alltägliche Ernährung bietet der ideale Teller. Der sieht so aus, dass möglichst jede Mahlzeit zur Hälfte aus pflanzlichen Bestandteilen besteht, ein Viertel der Eiweißversorgung dient und ein Viertel die Mahlzeit durch gute Fette und eventuell Kohlenhydrate abrundet.

Die Feinjustierung rund um die Zubereitungsarten, die Zusammenstellungen und so weiter sehe ich als sehr individuell an. Es gibt meines Erachtens nicht die 1 perfekte Ernährung. Es gibt so viele großartige Philosophien und Studien, die alle wunderbare Heilungen berichten und sich dabei aber gegenseitig ausschließen. Was auf den ersten Blick vielleicht paradox wirkt, eröffnet bei näherer Betrachtung ganz viele Möglichkeiten des Probierens und neuer Chancen.

Neben der Ernährung werden noch folgende Faktoren genannt:
- die Giftstoffbelastung in unserer Umwelt sowie in Pflegeprodukten oder eben in der Ernährung
- eine Balance aus Aktivität, (kurzzeitigem) Stress und der Entspannung wie auch Schlaf
- Aufarbeitung der emotionalen Wunden aus der Vergangenheit und Steigerung der Resilienz
- Biologische Zahnheilkunde
- eine optimierte Versorgung durch Heilkräuter, Heilpilze udgl.
- Früherkennung durch bewährte und schonende Verfahren

1.2 Beschreibung

Basis der Ernährungstherapie ist eine entsprechende Lebensweise, um LDL zu senken und HDL zu steigern. Transfettsäuren vermindern. Gesamtfett auf 30 kcal-% senken (ausgewogenes, qualitativ hochwertiges Fettsäuremuster unter besonderer Bevorzugung der einfach ungesättigten Fettsäuren). Cholesterinmenge < 300 mg pro Tag (oder 2.100 mg pro Woche)
Welche Nahrungsmittel sind cholesterinreich?
Innereien, tierische Nahrungsmittel, Schalen- und Krustentiere, Eidotter
- 2-3 Fischmahlzeiten (Meeresfische) pro Woche
- Ballaststoffzufuhr erhöhen - pflanzliche Nahrungsmittel bevorzugen
- Gewicht normalisieren
- Ausreichende Zufuhr von Vitamin E, C, ß-Carotin, Selen und Folsäure
- Bewegung steigern, regelmäßiges Ausdauertraining

- Nikotin und Alkohol vermeiden
Wann ist HDL niedrig?
Zu wenig Bewegung
qualitativ schlechtes Fettsäuremuster der Ernährungsgewohnheiten
Wann ist HDL höher?
Bei regelmäßigem körperlichen Training
qualitativ hochwertiges Fettsäuremuster der Ernährungsgewohnheiten
(pflanzliche Öle, Meeresfische, ...)

1.3 Therapiestrategie

Ein erhöhter Cholesterinspiegel lässt sich eigentlich ganz leicht senken
– man muss „nur": Übergewicht abbauen, tierische Fett durch
pflanzliche Fette ersetzen, verstärkt ungesättigte Fettsäuren aufnehmen
(z. B. Leinöl, Walnussöl, Rapsöl, Distelöl, Olivenöl, Meeresfische).
Reichliche Ballaststoffe (Kartoffeln, Getreide) in den Tagesspeiseplan
einbauen.
Sport treiben bzw. viel bewegen, keinen Alkohol trinken (außer einem
1/8 L Rotwein pro Tag), nicht rauchen. Nahrungsmittel mit hohem
Zuckergehalt meiden. Verzichten Sie auf Fertigprodukte.

1.4 Vermeiden

Fette Speisen mit ungünstigem Fettsäuremuster, gesättigte Fettsäuren
wie Butter, Sonnenblumenöl, heiß gepresste Öle, Eier, Innereien.
Kalorienreiche Speisen die die Gewichtsreduktion hemmen.

---

2 Speiseplan

Kkal. p. Portion

2.1 Frühstück

2.2 Jause

2.3 Mittag

2.4 Nachmittag

2.5 Abend

3   Rezepte

empfehlenswert = Sie können mehr verwenden
wenig = wenn möglich weniger verwenden
weniger als angegeben = möglichst nicht verwenden

3.1   8 Schätze Reis

Harntreibend, erwärmt den Körper von innen, erweitert die Gefäße,
stärkt die Muskeln, reguliert Innenorganfunktionen, stärkt Milz, lindert
Diarrhö, reduziert Ausfluss, baut Lunge, Milz und Nieren auf, beruhigt
Nerven.

Anzahl Portionen: 4
Kalorien p. Portion   213
Gramm p. Portion   266,25
Kochdauer ca.   1 Stunde
(Kohlehydrat:89,13% / Eiweiß & Fett:10,87%)
100g.≈ Eiweiß 4,52g. Fett:1,32g.
µg. - Ph:18,36 Na:0,75 Ka:8,74 Mg:9,04 Ca:2,25 Fe:0,15 Zn:0,03 Col.:0 Hsr.:7,57

Zutaten:
Lilienzwiebel 1 EL / 5g. ()
Longane 1 EL / 5g. (ja)
Weißwurz 1 EL / 5g. (ja)
Yamswurzel, Yamswurzelknolle 1 EL / 5g. (ja)
Hiobsträne (Samen) YiYi Ren 1 EL / 5g. (ja)
Reis Wilder (Naturreis) 2 Tassen / 240g. (empfehlenswert)
Wasser 8-10 Tassen / 800g. (ja)

Kochanleitung:
Je 1 EL: Bai He (Lilienzwiebel), Longan (Longan/Drachenaugenfrucht),
Yu Zhu (Wohlriechender Weißwurz-Wurzelstock), Da Zao, Shan Yao
(Yamswurzel, Yamswurzelknolle), Lian Mi, Yi Yi Ren (Samen der
Hiobsträne), Qian Shi (Makanasternsamen)Mit heißem Wasser
übergießen und ca. 30 Min. einweichen. Anschließend: 1-2 Tassen
Reis (normal) hinzufügen und ½ bis 1 Std. köcheln, bis der Reis sehr
weich ist. Oder: Aus Vollwertreis ca. 3 Std. lang zusammen mit den
Kräutern ein Congee kochen. Dann müssen die Kräuter nicht
eingeweicht werden.

3.2 Adzukibohnen-Reis-Suppe

Stärkt Milz, Herz, Nieren und Magen, harntreibend, fördert Durchblutung, lindert Entzündungen.

Anzahl Portionen: 1
Kalorien p. Portion 199
Gramm p. Portion 268
Kochdauer ca. 2 Sunden
(Kohlehydrat:78,84% / Eiweiß & Fett:21,16%)
100g.≈ Eiweiß 10,03g. Fett:0,92g.
µg. - Ph:24,84 Na:1,7 Ka:12,6 Mg:12,64 Ca:14,1 Fe:0,96 Zn:0,2 Col.:0 Hsr.:39,55

Zutaten:
Adzukibohnen 8 EL / 40g. (empfehlenswert)
Reis Rundkornreis 2 EL / 20g. (ja)
Wasser 2 Tassen / 200g. (ja)
Honig 1 EL / 8g. (ja)

Kochanleitung:
Eingeweichte Adzukibohnen und Rundkornreis im Verhältnis 4:1 so lange bei kleiner Hitze in Wasser kochen, bis ein dünner Brei entstanden ist. Nach Bedarf süßen und eventuell pürieren. Wirkung: Dieses Rezept kräftigt Nieren, Milz und Magen und ist besonders für Mütter mit zu wenig Milchfluss geeignet.

3.3 Apfel-Bananen-Creme

Reguliert Magen-Darm-Funktion, liefert Vitamin C, cholesterinsenkend, entzündungshemmend, harntreibend, fördert Durchblutung.

Anzahl Portionen: 4
Kalorien p. Portion 110
Gramm p. Portion 206,25
Kochdauer ca. 15 Min.
(Kohlehydrat:94,44% / Eiweiß & Fett:5,56%)
100g.≈ Eiweiß 0,84g. Fett:0,51g.
µg. - Ph:3,01 Na:0,49 Ka:38,02 Mg:2,73 Ca:2,25 Fe:0,1 Zn:0,01 Col.:0 Hsr.:3,19

Zutaten:
Apfel (sauer) 400 g. / 400g. (ja)
Wasser 200 ml. / 200g. (ja)
Orange Schale 1/4 Stück / 5g. (ja)
Zitrone Schale 1/2 Stück / 2g. (ja)
Zucker braun 2 TL / 6g. (wenig)
Zimtstange 1 Stück / 0g. (ja)

Banane 1 Stück / 150g. (ja)
Acerola Fruchtnektar oder Pulver 1 TL / 2g. (empfehlenswert)
Orangensaft 1/2 Stück / 50g. (ja)
Zitrone Saft 1 EL / 10g. (ja)

Kochanleitung:
Apfel in feine Spalten schneiden, mit Wasser, Orangen- und
Zitronenschale, Zucker und Zimt zum Kochen bringen und ca. 7 Min.
köcheln lassen. Die Äpfel sollen fast weich sein. Acerola zufügen und
Zimtstange entfernen. Mit dem Mixstab Apfel, Banane, Orangen- und
Zitronensaft fein pürieren.

3.4 Aubergine mit Olivenöl und Kurkuma

Fördert Durchblutung, lindert Entzündung und Schmerzen, fördert
Verdauung, hilft Fett zu verdauen, ist harntreibend, senkt Blutdruck.
Anzahl Portionen: 2
Kalorien p. Portion 432
Gramm p. Portion   321,5
Kochdauer ca.   30 Min.
Allergene: A
(Kohlehydrat:47,45% / Eiweiß & Fett:52,55%)
100g.≈ Eiweiß 6,14g. Fett:30,66g.
µg. - Ph:12,28 Na:20,77 Ka:85,6 Mg:5,48 Ca:7,09 Fe:0,18 Zn:0,05 Col.:0,02 Hsr.:9,67

Zutaten:
Aubergine 2 Stück / 300g. (ja)
Olivenöl 4 EL / 60g. (ja)
Tomate 4 Stück / 200g. (ja)
Kurkuma (Gelbwurz) 1/2 TL / 1g. (ja)
Kümmel 1 Prise / 1g. (ja)
Salz 1 Prise / 1g. (ja)
Weißbrot (Weizenbrot) 4 Scheiben / 80g. (wenig)

Kochanleitung:
Aubergine in Scheiben schneiden und mit halbierten Tomaten auf
einem Backblech ausbreiten. Mit Olivenöl beträufeln und mit Kurkuma,
Kümmel und Salz würzen. Im Ofen 20 Min. backen. Mit dem Weißbrot
servieren.

3.5 Belugalinseneintopf mit Gemüse

Fördert Schwitzen, löst Stagnation, lindert Verstopfung, fördert
Verdauung, produziert Muttermilch, regt Nerven an, entgiftet, lindert
Entzündungen, verbessert Durchblutung, stärkt Herz und Nieren,
harntreibend, beruhigt den Magen.

Anzahl Portionen: 5
Kalorien p. Portion 202
Gramm p. Portion 361,64
Kochdauer ca. 20 min.
(Kohlehydrat:50,85% / Eiweiß & Fett:49,15%)
100g.≈ Eiweiß 5,72g. Fett:8,35g.
µg. - Ph:7,14 Na:11,6 Ka:38,6 Mg:4,01 Ca:9,32 Fe:0,2 Zn:0,01 Col.:0,02 Hsr.:8,3

Zutaten:
Linsen (Helmbohnen) 2 Tassen / 240g. (empfehlenswert)
Wasser 4-5 Tassen / 500g. (ja)
Karotte (Mohrrübe, Möhre) 3 Stück / 150g. (ja)
Lauch (Porree) 1 Stück / 300g. (ja)
Kohlrabi 1/2 Stück / 200g. (empfehlenswert)
Tomate 2 Stück / 80g. (ja)
Zwiebel weiss 1 Stück / 50g. (ja)
Lorbeerblatt 2 Blatt / 1g. (ja)
Fenchel 1 Stück / 250g. (ja)
Sternanis 2 Stück / 1g. (ja)
Wacholderbeere 6 Stück / 2g. (ja)
Chili (Schote oder gemahlen) 1 Prise / 0,2g. (ja)
Olivenöl 3 EL / 30g. (ja)
Salz 1 Prise / 1g. (ja)
Ingwer frisch 1/2 TL / 2g. (ja)
Schwarzkümmel 1 Prise / 1g. (ja)

Kochanleitung:
Die kleingeschnittene Zwiebel in einem Topf in Öl anbraten.
Gewürfeltes Gemüse, Gewürze, Linsen (gut gewaschen) und Salz
zugeben. Mit kaltem Wasser ausreichend (3 fingerbreit) bedeckt 20
Min. auf kleiner Stufe kochen. Mit frischen Kräutern und
Schwarzkümmel bestreut servieren. Passt sehr gut zu Reis!

3.6 Blitzschnelle Zucchinisuppe

Harntreibend, stärkt Magen-Darm-Funktion, erweitert Blutgefäße, bakterizid, beugt Krebs vor, beugt Krankheiten vor (bei älteren Menschen), regt Leberfunktion an, entgiftet.

Anzahl Portionen: 4
Kalorien p. Portion 42
Gramm p. Portion 241,5
Kochdauer ca. 10 min
(Kohlehydrat:46,03% / Eiweiß & Fett:53,97%)
100g.≈ Eiweiß 1,77g. Fett:2,05g.
µg. - Ph:3,81 Na:0,41 Ka:29,78 Mg:3,2 Ca:5,37 Fe:0,22 Zn:0,01 Col.:0 Hsr.:2,85

Zutaten:
Zucchini 2-3 Stück / 500g. (ja)
Zwiebel weiss 1 Stück / 50g. (ja)
Maiskeimöl 2 EL / 6g. (ja)
Petersilie 1 EL / 7g. (ja)
Lauchzwiebel Schnittlauch 1 TL / 3g. (ja)
Wasser 1/2 Liter / 400g. (ja)

Kochanleitung:
Gehackte Zwiebel in Öl andünsten. In Scheiben geschnittene Zucchini zufügen und gut andünsten. Mit Wasser aufgießen. Petersilie und Schnittlauch grob gehackt zufügen und alles pürieren.

3.7 Bohnenpasta pikant süß

Harntreibend, senkt den Cholesterinspiegel, beugt Arteriosklerose vor, antioxidativ, fördert Verdauung, hilft Fett zu verdauen, senkt Blutdruck.

Anzahl Portionen: 1
Kalorien p. Portion 311
Gramm p. Portion 236
Kochdauer ca. 1 Stunde
Allergene: MO
(Kohlehydrat:60% / Eiweiß & Fett:40%)
100g.≈ Eiweiß 30,04g. Fett:25,6g.
µg. - Ph:193,06 Na:57,14 Ka:452,19 Mg:77,53 Ca:58,65 Fe:3,77 Zn:0,65 Col.:0,08 Hsr.:68,19

Zutaten:
Schwarze Bohnen 1 Tasse / 120g. (ja)
Ingwer frisch 2 cm. / 3g. (ja)
Boxhornkleesamen 1/2 TL / 2g. (ja)
Tomatenmark 1 EL / 10g. (ja)
Olivenöl 2 EL / 20g. (ja)
Kürbiskernöl 1 Schuss / 3g. (ja)

Senf 1 Messerspitze / 1g. (ja)
Rettich Meerrettich (Kren) 1 TL gerieben / 2g. (ja)
Pfeffer gemahlen 1 Prise / 0,5g. ()
Knoblauch 2 Zehen / 3g. (ja)
Salz 1 Prise / 1g. (ja)
Zucker Melasse 2-3 EL / 20g. (wenig)
Zitrone Schale 1/2 Stück / 1g. (ja)
Wasser 2 Tassen / 50g. (ja)

Kochanleitung:
Bohnen mit Gewürzen und Ingwer kochen, Wasser abgießen und
pürieren. Mit Gewürzen abschmecken und mit Zuckerrübensirup und
Zitronenschale verfeinern.

3.8 Bulgur mit Tomaten und frischen Kräutern

Fördert Verdauung, hilft Fett zu verdauen, harntreibend, senkt
Blutdruck, zieht Adern zusammen, vergrößert Herzkranzgefäße, zieht
Gebärmutter zusammen.

Anzahl Portionen: 1
Kalorien p. Portion 205
Gramm p. Portion 244
Kochdauer ca. 30 min.
Allergene: A
(Kohlehydrat:71% / Eiweiß & Fett:29%)
100g.≈ Eiweiß 14,92g. Fett:22,17g.
µg. - Ph:136,51 Na:6,27 Ka:256,14 Mg:48,22 Ca:20,11 Fe:1,82 Zn:1,3 Col.:0,08
Hsr.:78,86

Zutaten:
Bulgur (Getreide) 1 Tasse / 120g. (ja)
Tomate 2 Stück / 70g. (ja)
Rucola Rauke 2 EL / 16g. ()
Paprika (Rosenpaprikapulver) 1 Prise / 2g. (ja)
Olivenöl 2 EL / 20g. (ja)
Pfeffer gemahlen 1 Prise / 0,5g. ()
Salz 1 Prise / 1g. (ja)
Basilikum 4 Blätter / 2g. (ja)
Thymian 1 Zweig / 3g. (ja)
Zitrone Saft 1/2 Stück / 10g. (ja)

Kochanleitung:
Kaltes Wasser in einem Topf aufsetzen, Bulgur hineinstreuen und gar
köcheln. Kleingeschnittene Tomaten, frische Kräuter wie Basilikum und
Thymian, Rucola, eine Prise Rosenpaprika, Zitronensaft, einen Schuss

Olivenöl, etwas gemahlenen Pfeffer und etwas Salz unterrühren.
Empfehlung: Ideale Morgenmahlzeit im Sommer, aber auch gut
geeignet als Abendmahlzeit, insbesondere bei Schlafstörungen.

3.9 Bunte toskanische Bohnensuppe

Fördert Verdauung, hilft Fett zu verdauen, harntreibend, senkt Blutdruck
und beruhigt den Magen.

Anzahl Portionen: 3
Kalorien p. Portion 249
Gramm p. Portion 256
Kochdauer ca.   2 Stunden
Allergene: L
(Kohlehydrat:38% / Eiweiß & Fett:62%)
100g.≈ Eiweiß 6,91g. Fett:17,64g.
µg. - Ph:1,92 Na:0,64 Ka:6,57 Mg:1,02 Ca:1,91 Fe:0,4 Zn:0,03 Col.:0,01 Hsr.:3,71

Zutaten:
Nierenbohnen (rote) 50 g. / 50g. (ja)
Kichererbsen 25 g. / 25g. (ja)
Linsen (Helmbohnen) 25 g. / 25g. (empfehlenswert)
Sellerie Stangensellerie 1 Stange / 10g. (ja)
Tomate 2 Stück / 100g. (ja)
Fenchelsamen gemahlen 1/2 TL / 1g. (ja)
Salz 1 Prise / 1g. (ja)
Pfeffer gemahlen 1 Prise / 0,5g. ()
Knoblauch 1 Zehe / 3g. (ja)
Olivenöl 3 EL / 50g. (ja)
Wasser 600 ml. / 500g. (ja)
Basilikum (frisch) 5-7 Blätter / 3g. (ja)

Kochanleitung:
Hülsenfrüchte einweichen, kochen und pürieren. Gemüse, Gewürze,
Kräuter und Öl zugeben und alles 2 Std. leicht garen. Variante:
Esskastanien (Maronen) geben dem Gericht noch eine speziell
italienische Note.

3.10 Champignonsalat mit Kresse

Fördert die Durchblutung und die Verdauung, kuriert Bluthochdruck und Appetitlosigkeit.

Anzahl Portionen: 1
Kalorien p. Portion 220
Gramm p. Portion 312
Kochdauer ca. 5 Min.
Allergene: AN
(Kohlehydrat:56% / Eiweiß & Fett:44%)
100g.≈ Eiweiß 9,74g. Fett:7,08g.
µg. - Ph:105,24 Na:37,35 Ka:366,67 Mg:14,25 Ca:19,03 Fe:1,08 Zn:0,41 Col.:0,02 Hsr.:60,22

Zutaten:
Champignon 250 g. / 250g. (ja)
Sesamöl 2 EL / 6g. (ja)
Pfeffer gemahlen 1 Prise / 0,5g. ()
Salz 1 Prise / 1g. (ja)
Zitrone 1/2 Stück / 15g. (ja)
Paprika (Rosenpaprikapulver) 2 Prisen / 0,1g. (ja)
Kresse 2 EL / 10g. (ja)
Weißbrot (Weizenbrot) 2 Scheiben / 30g. (wenig)

Kochanleitung:
Champignons feinblättrig schneiden. Dressing: Sesamöl, etwas gemahlenen Pfeffer, Salz, reichlich Zitronensaft und Rosenpaprika gut verrühren. Über die fein geschnittenen Champignons geben und reichlich Kresse untermengen. Dazu passt: Weißbrot, Rundkornreis oder Quinoa. Zusammen mit dem Getreide ergibt der Salat eine einfache und leichte Mahlzeit.

3.11 Chicoréesalat mit Mandarinen

Löst Schleim, steckt voller Vitamine (A,B,C), fördert Verdauung, stärkt Magen, fördert Gewichtsabnahme. Gut bei: Abwehrschwäche, Appetitlosigkeit, Blähungen.

Anzahl Portionen: 3
Kalorien p. Portion 256
Gramm p. Portion 285,17
Kochdauer ca. 10 min.
Allergene: AGNO
(Kohlehydrat:75,45% / Eiweiß & Fett:24,55%)
100g.≈ Eiweiß 5,46g. Fett:7,69g.
µg. - Ph:8,48 Na:15,24 Ka:55,37 Mg:3,93 Ca:9,35 Fe:0,13 Zn:0,01 Col.:0 Hsr.:7,09

Zutaten:
Mandarine 4 Stück / 300g. (ja)
Chicorée 2-3 Stück / 300g. (ja)
Sesamöl 2 EL / 18g. (ja)
Pfeffer gemahlen 1 Prise / 0,5g. ()
Salz 1 Prise / 1g. (ja)
Essig Aceto Balsamico 2 TL / 6g. (ja)
Zitrone 1/2 Stück / 25g. (ja)
Orange 1/2 Stück / 70g. (ja)
Paprika (Rosenpaprikapulver) 1 Prise / 1g. (ja)
Orangenmarmelade 1 TL / 4g. (ja)
Sahne, süß 30% 1 EL / 10g. (wenig)
Weißbrot (Weizenbrot) 6 Scheiben / 120g. (wenig)

Kochanleitung:
Mandarinen schälen und in mundgerechte Stücke schneiden. Chicorée grob schneiden und beides vermischen. Dressing: Sesamöl, Pfeffer, Salz, Himbeeressig oder Balsamico-Essig, etwas Zitronen- oder Orangensaft, Rosenpaprika, Orangenmarmelade (ersatzweise eine andere Marmelade) und wenig süße Sahne gut durchrühren, über den Salat geben und kurz durchziehen lassen.

3.12 Couscous mit Datteln, Kokos und Mandelmus

Stoppt Durchfall, fördert Verdauung, Appetit anregend.
Anzahl Portionen: 3
Kalorien p. Portion 484
Gramm p. Portion 283,47
Kochdauer ca. 10 Min.
Allergene: AHO
(Kohlehydrat:69,98% / Eiweiß & Fett:30,02%)
100g.≈ Eiweiß 11,94g. Fett:18,56g.
µg. - Ph:10,79 Na:17,71 Ka:31,68 Mg:5,23 Ca:5,41 Fe:0,17 Zn:0,07 Col.:0 Hsr.:13,8

Zutaten:
Couscous 2 Tassen / 240g. (ja)
Wasser 4 Tassen / 400g. (ja)
Datteln getrocknet 6 Stück / 20g. (ja)
Kokosflocken 3 EL / 30g. (ja)
Mandelmus 2 EL / 20g. (ja)
Olivenöl 2 TL / 20g. (ja)
Apfel (süß) 1 Stück gerieben / 120g. (ja)
Vanille 1 Messerspitze / 0,2g. (ja)
Chili (Schote oder gemahlen) 1 Prise / 0,2g. (ja)

Kochanleitung:
Couscous mit Olivenöl in eine große Schüssel geben, kochendes Wasser drüber gießen und 10 Min. quellen lassen. Datteln zerkleinern und Apfel reiben. Couscous mit einer Gabel auflockern, Datteln, Kokosflocken, Apfel und Mandelmus untermischen. Süßen nach Geschmack. Gewürze und Aromen: Vanille, wenig Chili. Wintervariation: Birne Sommervariation: Aprikose, Nektarine

3.13 Dinkel mit Obst und Nüssen

Regt Appetit an, stoppt Durchfall, fördert Verdauung, lindert Müdigkeit, schützt vor Tumorleiden und Leukämie, wirkt förderlich bei Lebensmittelallergien, ist stoffwechselregulierend, senkt Blutzucker und Cholesterin, entzündungshemmend im Magen-Darm-Trakt.

Anzahl Portionen: 3
Kalorien p. Portion 289
Gramm p. Portion 286,33
Kochdauer ca. 1 1/2 Stunden
Allergene: AH
(Kohlehydrat:76% / Eiweiß & Fett:24%)
100g.≈ Eiweiß 8,64g. Fett:6,67g.
µg. - Ph:9,7 Na:8,81 Ka:25,53 Mg:3,53 Ca:2,83 Fe:0,14 Zn:0,02 Col.:0 Hsr.:2,96

Zutaten:
Dinkel 1 Tasse / 120g. (ja)
Wasser 1 Tasse / 50g. (ja)
Apfel (süß) 1 Stück / 220g. (ja)
Aprikose 1 Stück / 200g. (ja)
Pfirsich 1 Stück / 120g. (ja)
Zimtpulver 1 Prise / 1g. (ja)
Kardamom 1 Prise / 1g. (ja)
Salz 1 Prise / 1g. (ja)
Erdbeere 1 Tasse / 120g. (ja)
Mandelmus 1 EL / 15g. (ja)
Kakao 1 Prise / 1g. (ja)
Walnüsse 1 EL / 10g. (ja)

Kochanleitung:
Dinkel in heißem Wasser aufsetzen und gar kochen. Danach: Süßes, kleingeschnittenes Obst (Äpfel, Aprikosen, Pfirsiche) in wenig heißem Wasser mit etwas Zimt kurz andünsten. Gemahlenen Kardamom und/oder Koriander, eine kleine Prise Salz, den gekochten Dinkel und evtl. Erdbeeren (nach Jahreszeit) dazugeben und erhitzen. Mit Kakao und gerösteten Nüssen überstreuen.

3.14 Erfrischende Gurkensuppe mit Kartoffeln

Harntreibend, entgiftend, unterdrückt Umwandlung von Zucker in Fett, senkt Cholesterinspiegel, beugt Krebs vor, lindert Entzündungen, verbessert Verdauung, löst Stagnation, fördert Durchblutung, fördert Appetit.

Anzahl Portionen: 3
Kalorien p. Portion   148
Gramm p. Portion   307,33
Kochdauer ca.   15 Min
Allergene: GN
(Kohlehydrat:70% / Eiweiß & Fett:30%)
100g.≈ Eiweiß 3,93g. Fett:5,09g.
µg. - Ph:3,72 Na:0,77 Ka:23,54 Mg:1,43 Ca:2 Fe:0,05 Zn:0,02 Col.:0 Hsr.:1,19

Zutaten:
Sesamöl 1 EL / 10g. (ja)
Kartoffel 4 Stück / 300g. (ja)
Zwiebel Frühlingszwiebel 3 Stück / 60g. (ja)
Pfeffer gemahlen 1 Prise / 0,5g. ()
Muskatnuss 1 Prise / 1g. (ja)
Salz 1 Prise / 1g. (ja)
Zitrone 1/2 Stück / 25g. (ja)
Gurke 2 Stück / 500g. (ja)
Sahne, süß 30% 1 EL / 10g. (wenig)
Dill 1 EL / 15g. (ja)

Kochanleitung:
Kleingeschnittene Kartoffeln und reichlich Frühlingszwiebeln in Sesamöl anbraten und mit Pfeffer, etwas Muskat, Salz und Zitronensaft würzen. Heißes Wasser und gewürfelte Salatgurke dazugeben, ca. 10 Min. dünsten und danach pürieren. Etwas süße Sahne nach Belieben und frischen Dill zufügen. Variante: Etwas Chili, Oregano, Thymian oder Rosmarin dazugeben, um die abkühlende Wirkung zu mildern.

3.15 Feiner russischer Borschtsch

Stärkt Milz, Magen und Herz, unterstützt die Blutzirkulation, regt
Verdauung an, senkt Blutdruck, stärkt Immunsystem. Zur Kräftigung
nach Krankheiten, gegen Blähungen, krampflösend bei Magen-Darm-
Beschwerden.

Anzahl Portionen: 6
Kalorien p. Portion 171
Gramm p. Portion 368,33
Kochdauer ca. 30 Min
Allergene: AGLO
(Kohlehydrat:81% / Eiweiß & Fett:19%)
100g.≈ Eiweiß 6,07g. Fett:3,32g.
µg. - Ph:1,04 Na:1,82 Ka:4,72 Mg:1,22 Ca:4,74 Fe:0,02 Zn:0 Col.:0,01 Hsr.:0,78

Zutaten:
Rote Rübe 200 g. / 200g. (ja)
Sonnenblumenöl 1 EL / 10g. (wenig)
Zwiebel Schalotte 2 Stück / 40g. (ja)
Karotte (Mohrrübe, Möhre) 2 Stück / 140g. (ja)
Sellerie Knolle 1 Stück / 500g. (ja)
Petersilienwurzel 1 Stück / 150g. (ja)
Lauch (Porree) 5 dag. / 50g. (ja)
Grundrezept für eine Gemüsebrühe nahrhaft 3/4 Liter / 650g. (ja)
Lorbeerblatt 1 Blatt / 0,2g. (ja)
Wacholderbeere 2 Stück / 2g. (ja)
Muskatnuss 1 Prise / 1g. (ja)
Wirsing/Grünkohl 200 g. / 200g. (ja)
Salz 1 Prise / 1g. (ja)
Pfeffer gemahlen 1 Prise / 0,5g. ()
Kümmel 1 Prise / 1g. (ja)
Rotwein 1/8 Liter / 125g. (wenig)
Sauerrahm 15% Fett 1 EL / 10g. (wenig)
Dill 1 TL / 10g. (ja)
Weißbrot (Weizenbrot) 6 Scheiben / 120g. (wenig)

Kochanleitung:
Die Rote Bete in Öl andünsten. In einem anderen Topf Zwiebeln,
Karotten, Sellerie, Petersilienwurzel und Lauch gut anbraten. Mit der
Brühe und dem Wein aufgießen und dann Lorbeer, Wacholderbeeren
und Muskat zugeben und 15 Min. köcheln lassen. Lorbeer entfernen
und alles pürieren. Etwas Brühe separat erhitzen und die angedünstete
Rote Bete darin weich köcheln. Nach der halben Garzeit Wirsing oder
Weißkohl zugeben und leicht ziehen lassen. Am Ende das pürierte
Gemüse zugeben und alles mit Salz, Pfeffer, gemahlenem Kümmel und

eventuell etwas Rotwein abschmecken. Im Teller mit etwas Sauerrahm und fein gehacktem Dill garnieren. Mit je einer Scheibe Weißbrot servieren.

3.16 Fenchel mit gerösteten Walnüssen

Stärkt Magen, entgiftet, lindert Entzündungen, verbessert Durchblutung, verbessert Medikamentenwirkung, regt Appetit an, antioxidativ, fördert Verdauung, regt an, löst Stagnation.

Anzahl Portionen: 4
Kalorien p. Portion 342
Gramm p. Portion 336,25
Kochdauer ca. 20 Min.
Allergene: HO
(Kohlehydrat:54,13% / Eiweiß & Fett:45,87%)
100g.≈ Eiweiß 8,8g. Fett:16,38g.
µg. - Ph:12,18 Na:13,51 Ka:80,99 Mg:8,92 Ca:17,54 Fe:0,45 Zn:0,02 Col.:0 Hsr.:3,52

Zutaten:
Fenchel 4 Stück / 800g. (ja)
Muskatnuss 1 Prise / 1g. (ja)
Ingwer frisch 1/2 TL / 1g. (ja)
Salz 1 Prise / 1g. (ja)
Weißwein 1/8 Liter / 125g. (wenig)
Paprika (Rosenpaprikapulver) 1 Prise / 1g. (ja)
Olivenöl 2 EL / 40g. (ja)
Walnüsse 2 EL / 35g. (ja)
Wasser 2 Tassen / 220g. (ja)
Mais Gries (Polenta) 1 Tasse / 120g. (ja)
Salz 1 Prise / 1g. (ja)

Kochanleitung:
Ganz wenig Wasser in einem Topf erhitzen. In Streifen geschnittenen Fenchel kurz darin andünsten. Muskat, etwas geriebenen Ingwer, Salz, einen Schuss Weißwein und Rosenpaprika zugeben und solange dünsten, bis das Gemüse gar, aber noch knackig ist. Etwas Olivenöl unterrühren und mit gerösteten Walnüssen bestreuen. Die Polenta in einen Topf mit heißem Wasser unter ständigem Rühren einrieseln lassen, bis die Polenta die gewünschte Konsistenz hat und dann salzen. Die Polenta vom Herd nehmen und ca. 10 Min. quellen lassen.

3.17 Fischsuppe mit Rosmarin

Stärkt Magen, Milz und Leber, senkt Blutdruck, bakterizid, stärkt Immunsystem, beugt Krebs vor, reduziert Strahlenverletzungen, ist cholesterinarm und eiweißreich, fördert Durchblutung, regt Appetit an, antioxidativ, löst Stagnation.

Anzahl Portionen: 4
Kalorien p. Portion   271
Gramm p. Portion   284,25
Kochdauer ca.   30 Min.
Allergene: DLO
(Kohlehydrat:38,39% / Eiweiß & Fett:61,61%)
100g.≈ Eiweiß 15,39g. Fett:14,78g.
µg. - Ph:19,71 Na:7,22 Ka:47,56 Mg:3,06 Ca:5,32 Fe:0,13 Zn:0,03 Col.:0,01 Hsr.:14,36

Zutaten:
Grundrezept für eine Fischbrühe 1/2 Liter / 500g. (ja)
Rosmarin 1/2 Bund / 7g. (ja)
Zwiebel Frühlingszwiebel 1 Stück / 20g. (ja)
Olivenöl 2 EL / 35g. (ja)
Fischstücke gemischt (Süßwasser) 250 g. / 250g. (empfehlenswert)
Karotte (Mohrrübe, Möhre) 1 Stück / 120g. (ja)
Pastinake 1 Stück / 180g. (ja)
Sellerie Knolle 1 Scheibe / 20g. (ja)
Salz 1 Prise / 1g. (ja)
Pfeffer Körner 2 Stück / 1g. (ja)
Knoblauch 1 Zehe / 3g. (ja)

Kochanleitung:
Zwiebel und Knoblauch in Öl glasig braten und mit Fischbrühe aufgießen. Gewürfelte Karotte, Pastinake und Sellerie hinzugeben. Mit Salz und Pfefferkörnern würzen. Die Suppe 25 Min. bei schwacher Hitze köcheln lassen. Den Fisch waschen, mit Zitronensaft beträufeln, in Stücke teilen und mit dem abgezupften Rosmarin in die Suppe geben. Alles 5 Min. bei schwacher Hitze garen. Schnittlauch und Petersilie dazugeben und die Suppe mit dem Salz abschmecken.

3.18 Frühstück - Reis mit Früchten

Gut bei Durchblutungsstörungen, Thrombose, Emboliegefahr, Bluthochdruck, Kopfschmerzen, nach Herzinfarkt und Schlaganfall zu empfehlen, befeuchtet Darm, fördert Blutaufbau, fördert Verdauung, lindert Entzündungen.

Anzahl Portionen: 3
Kalorien p. Portion 230
Gramm p. Portion 282
Kochdauer ca. 10 min. - 3 Stunden
Allergene: GHO
(Kohlehydrat:90% / Eiweiß & Fett:10%)
100g.≈ Eiweiß 3,59g. Fett:7,61g.
µg. - Ph:3,19 Na:0,7 Ka:8,57 Mg:20,72 Ca:21,22 Fe:0,05 Zn:0,02 Col.:0,54 Hsr.:0,92

Zutaten:
Grundrezept für eine Reissuppe (Congee) 6 Tassen / 500g. (ja)
Kuhmilch (Vollmilch 3,5 % Fett) 1/2 bis 1 Tasse / 80g. (wenig)
Honig 1 EL / 10g. (ja)
Butter Bio 1 EL / 15g. (wenig)
Datteln getrocknet 1 EL / 15g. (ja)
Feige 1 EL / 15g. (ja)
Apfel (sauer) 1 Stück / 200g. (ja)
Haselnüsse 1/2 EL / 5g. (ja)
Mandeln 1/2 EL / 5g. (ja)
Zimtpulver 1 Prise / 1g. (ja)

Kochanleitung:
Reis-Congee nach Grundrezept kochen oder vorgekocht verwenden. Mit der Milch flüssiger machen und mit Honig süßen. Früchte und Nüsse in Butter anbraten und mit der fertigen Reissuppe vermischen. Datteln, Feigen und den Apfel kleingeschnitten zufügen.

3.19 Gemüseeintopf mit provenzalischer Pistou

Stärkt Magen, Milz und Leber, senkt Blutdruck, bakterizid, stärkt Immunsystem, beugt Krebs vor, reduziert Strahlenverletzungen, löst Stagnation, lindert Verstopfung, produziert Muttermilch.

Anzahl Portionen: 8
Kalorien p. Portion 137
Gramm p. Portion 323,12
Kochdauer ca. 1 1/2 Stunden
Allergene: AGL
(Kohlehydrat:75% / Eiweiß & Fett:25%)
100g.≈ Eiweiß 5,89g. Fett:6,34g.
µg. - Ph:0,65 Na:0,64 Ka:2,48 Mg:1,06 Ca:4,28 Fe:0,02 Zn:0 Col.:0,01 Hsr.:0,25

Zutaten:
Tomate 200 g. / 200g. (ja)
Olivenöl 2 EL / 30g. (ja)
Knoblauch 1 Zehe / 5g. (ja)
Parmesan 30 g. / 30g. (wenig)
Toastbrot (Vollkorn) 1 Scheibe / 5g. (ja)
Basilikum (frisch) 1 Bund / 125g. (ja)
Salz 1 Prise / 2g. (ja)
Pfeffer gemahlen 1 Prise / 1g. ()
Oregano getrocknet 1 TL / 3g. (ja)
Grundrezept für eine Gemüsebrühe nahrhaft 1 1/4 Liter / 1250g. (ja)
Karotte (Mohrrübe, Möhre) 150 g. / 150g. (ja)
Sellerie Knolle 100 g. / 100g. (ja)
Brokkoli 200 g. / 200g. (empfehlenswert)
Fenchel 1 Stück / 250g. (ja)
Thymian getrocknet 1/2 TL / 2g. (ja)
Oregano getrocknet 1/2 TL / 2g. (ja)
Lorbeerblatt 1 Stück / 0,5g. (ja)
Erbse, grün 50 g. / 50g. (ja)
Zwiebel Frühlingszwiebel 4 Stück / 80g. (ja)
Kartoffel 100 g. / 100g. (ja)

Kochanleitung:
Soße: Tomaten abziehen, in kleine Stücke schneiden und zusammen mit fein gehacktem Knoblauch in Olivenöl ein wenig einkochen. Toastbrot (zerkrümelt), frischen fein geriebenen Parmesan, fein geschnittenen Basilikum, Oregano, Salz und Pfeffer dazugeben.
Suppe: Gemüsebrühe nach Grundrezept zum Kochen bringen, in grobe Scheiben geschnittene Karotten, würfelig geschnittenen Sellerie, würfelig geschnittene Kartoffel, kleine Röschen Brokkoli, kleingeschnittene Fenchelknolle, Erbsen, Thymian, Oregano und das Lorbeerblatt hinzufügen und 10 Min. kochen lassen. Frühlingszwiebeln in dünne Ringe geschnitten zufügen und weitere 2 Min. mitkochen. Einige Esslöffel Soße in eine Suppenschüssel füllen und kochend heiße Brühe damit verrühren. Nach und nach die Soße mit der Suppe mischen.

3.20 Gemüse-Grieß-Suppe

Harntreibend, harmonisiert Magen und Darm, senkt Blutdruck, regt Verdauung an, reduziert Schmerzen, senkt Cholesterinspiegel, entgiftet. Gut bei Appetitlosigkeit, Blähungen, Darmentzündungen, Sodbrennen, Zwölffingerdarmgeschwüren.

Anzahl Portionen: 3
Kalorien p. Portion 199
Gramm p. Portion 459,67
Kochdauer ca. 20 Min.
Allergene: AEGL
(Kohlehydrat:78,84% / Eiweiß & Fett:21,16%)
100g.≈ Eiweiß 6,38g. Fett:7,03g.
µg. - Ph:12,79 Na:13,89 Ka:69,81 Mg:18,98 Ca:66,25 Fe:0,28 Zn:0,04 Col.:0,39 Hsr.:8,64

Zutaten:
Grundrezept für eine Gemüsebrühe nahrhaft 1/2 Liter / 500g. (ja)
Kartoffel 1 Stück / 80g. (ja)
Pastinake 1 Stück / 180g. (ja)
Karotte (Mohrrübe, Möhre) 1 Stück / 120g. (ja)
Sellerie Knolle 150 g. / 150g. (ja)
Kohlrabi 1/2 Stück / 200g. (empfehlenswert)
Bohnen (grün, frisch) 10 dag. / 100g. (empfehlenswert)
Weizen Gries 2 EL / 24g. (ja)
Liebstöckel 1/2 TL / 2g. (ja)
Butter Bio 1 EL / 20g. (wenig)
Sojasauce 1 TL / 3g. (ja)

Kochanleitung:
Vorbereitete Gemüsebrühe erhitzen und buntes Gemüse darin weich kochen. Etwas Weizengrieß einstreuen und quellen lassen. Am Schluss reichlich Liebstöckelgrün und etwas Butter unterrühren und mit Sojasoße abschmecken.

3.21 Gemüse-Miso-Suppe mit Tofu

Sehr kräftigend, stärkt nach fiebriger Erkrankung, senkt Blutdruck, stärkt Immunsystem, fördert Durchblutung, stärkt Magen, Leber und Nieren, entgiftet, stärkt Muskeln, lindert Blähungen.

Anzahl Portionen: 4
Kalorien p. Portion 107
Gramm p. Portion 247,75
Kochdauer ca. 15 Min.
Allergene: EN
(Kohlehydrat:22,33% / Eiweiß & Fett:77,67%)
100g.≈ Eiweiß 1,86g. Fett:9,4g.
µg. - Ph:3,93 Na:13,88 Ka:10,98 Mg:1,98 Ca:4,08 Fe:0,07 Zn:0,01 Col.:0 Hsr.:1,45

Zutaten:
Sesamöl 2 EL / 35g. (ja)
Zwiebel Schalotte 1 Stück / 20g. (ja)
Karotte (Mohrrübe, Möhre) 1 Stück / 70g. (ja)
Lauch (Porree) 5 cm / 10g. (ja)
Wasser 3/4 Liter / 750g. (ja)
Endiviensalat 2 EL / 30g. (ja)
Soja Tofu 2 EL / 30g. (ja)
Ingwer frisch 1/2 TL / 1g. (ja)
Miso 2 EL / 15g. (ja)

Kochanleitung:
In Sesamöl erst Zwiebeln, dann Karotten sowie den Lauch anbraten
und mit Wasser aufgießen und leise köcheln lassen. Sojasprossen und
Endivienblätter zugeben und ziehen lassen. Tofuwürfel und etwas
Ingwer zugeben und zum Schluss in etwas abgekühltem Kochwasser
gelöstes Miso einrühren.

3.22 Gemüsesaft

Fördert Verdauung, hilft Fett zu verdauen, harntreibend, senkt
Blutdruck, bakterizid, stärkt Magen und Immunsystem, beugt Krebs vor,
reduziert Strahlenverletzungen, vertreibt innere Kälte, wirkt anregend.
Anzahl Portionen: 1
Kalorien p. Portion 64
Gramm p. Portion 225
Kochdauer ca. 15 Min.
Allergene: L
(Kohlehydrat:82,23% / Eiweiß & Fett:17,77%)
100g.≈ Eiweiß 2,47g. Fett:0,44g.
µg. - Ph:33,92 Na:30,92 Ka:205,63 Mg:13,57 Ca:34,59 Fe:1,18 Zn:0,33 Col.:0 Hsr.:19,76

Zutaten:
Sellerie Knolle 20 g. / 20g. (ja)
Karotte (Mohrrübe, Möhre) 100 g. / 100g. (ja)
Tomate 100 g. / 100g. (ja)
Knoblauch 1 Stück / 2g. (ja)
Salz 1 TL / 2g. (ja)
Acerola Fruchtnektar oder Pulver 1/2 TL / 1g. (empfehlenswert)

Kochanleitung:
Alle Zutaten schälen, mit dem Entsafter zu einem Getränk verarbeiten
und Acerola unterrühren.

3.23 Gerstenbratlinge

Verbessert Verdauung, senkt Cholesterinspiegel. Gut bei Durchfall, Geschwüren, Gliederschmerzen und Magenproblemen. Stärkt Milz, Leber und Immunsystem, senkt Blutdruck, bakterizid, beugt Krebs vor, reduziert Strahlenverletzungen.

Anzahl Portionen: 3
Kalorien p. Portion 398
Gramm p. Portion 292,67
Kochdauer ca. 1 1/2 Stunden
Allergene: ACN
(Kohlehydrat:63% / Eiweiß & Fett:37%)
100g.≈ Eiweiß 8,38g. Fett:19,69g.
µg. - Ph:7,07 Na:4,18 Ka:17,24 Mg:2,02 Ca:2,5 Fe:0,08 Zn:0,04 Col.:2,76 Hsr.:2,93

Zutaten:
Wasser 2 Tassen / 250g. (ja)
Gerstengrütze 1 Tasse / 120g. (ja)
Kartoffel 1 Stück / 140g. (ja)
Karotte (Mohrrübe, Möhre) 1 Stück / 120g. (ja)
Champignon 2-3 Stück / 25g. (ja)
Huhn Ei 1 Stück / 55g. (wenig)
Zwiebel weiss 1 Stück / 50g. (ja)
Ingwer frisch 1/2 TL / 1g. (ja)
Pfeffer gemahlen 1 Prise / 0,5g. ()
Salz 1 Prise / 1g. (ja)
Zitrone 1/2 Stück / 15g. (ja)
Petersilie 2 EL / 15g. (ja)
Paprika (Rosenpaprikapulver) 1 Prise / 1g. (ja)
Sesamöl 2-3 EL / 50g. (ja)
Brötchen (Semmel) 1 Stück / 35g. (wenig)

Kochanleitung:
Vorbereitung: 2 große Tassen heißes Wasser in einen Topf geben, 1 große Tasse Thermo-Gerstengrütze dazugeben und 2 Min. unter Rühren köcheln lassen. Dann 20 Min. auf der ausgeschalteten Herdplatte quellen lassen, herunternehmen und abkühlen lassen. Eine große Kartoffel kleinschneiden und in Wasser kochen. Brötchen in heißem Wasser einweichen und dann gut ausdrücken. Danach die Gerstengrütze, die zerdrückte Kartoffel und das Brötchen vermengen und folgendes zufügen: 1 geraspelte Karotte, 2-3 kleingehackte Champignons, 1 Ei, 1 fein gehackte Zwiebel, ½ TL geriebenen Ingwer, je eine Prise Salz und Pfeffer, etwas Zitronensaft, gehackte Petersilie und reichlich Rosenpaprika. Alles gut durchkneten und Bratlinge formen. In einer heißen Pfanne Sesamöl erhitzen und die Bratlinge

etwa 15 Min. bei schwacher Hitze ausbacken. Nach der Hälfte der Zeit wenden. Dazu passt: Blattsalat, Sojasprossengemüse.

3.24 Gerstenbrei mit gedünsteter Birne

Fördert Verdauung, harntreibend, stärkt Milz und Magen, kühlt Blase, befeuchtet Darm und Haut, entspannt, schweißtreibend.

Anzahl Portionen: 5
Kalorien p. Portion 113
Gramm p. Portion 305,8
Kochdauer ca. 25 Min.
Allergene: A
(Kohlehydrat:86% / Eiweiß & Fett:14%)
100g.≈ Eiweiß 3,26g. Fett:0,72g.
µg. - Ph:1,16 Na:0,11 Ka:2,09 Mg:0,44 Ca:0,33 Fe:0,01 Zn:0,01 Col.:0 Hsr.:0,42

Zutaten:
Wasser 10 Tassen / 1200g. (ja)
Gerste 1 Tasse / 120g. (ja)
Ingwer frisch 2 Scheiben / 2g. (ja)
Kardamom 3 Kapseln / 1g. (ja)
Salz 1 Prise / 1g. (ja)
Birne 1 Stück / 200g. (ja)
Zucker Ursüße (Zuckerrohr) süß 1/2 EL / 5g. (wenig)

Kochanleitung:
Die Gerste zu grobem Schrot mahlen und trocken anrösten. Heißes Wasser aufgießen, Ingwer und Kardamom hinzufügen und bei wenig Hitze zu einem Brei quellen lassen. Birne schälen und würfeln und mit wenig Wasser 10 Min. dünsten. Am Ende die gedünstete Birne mit etwas Butter und Süßmittel zur Gerste geben. Variante: Wenn es morgens schnell gehen soll, kann man an Stelle von Schrot Gerstenflocken verwenden.

3.25 Gersten-Gemüse-Suppe

Nährt Blut, harntreibend, entgiftet, stärkt Milz und Leber, senkt Blutdruck, bakterizid, stärkt Immunsystem, fördert Verdauung, hilft Fett zu verdauen, harmonisiert Stoffwechsel.

Anzahl Portionen: 3
Kalorien p. Portion 281
Gramm p. Portion 304
Kochdauer ca. 2 Stunden
Allergene: AGL
(Kohlehydrat:73% / Eiweiß & Fett:27%)
100g.≈ Eiweiß 11,93g. Fett:5,74g.
µg. - Ph:9,75 Na:1,36 Ka:21,85 Mg:3,27 Ca:3,09 Fe:0,14 Zn:0,08 Col.:0,09 Hsr.:9,52

Zutaten:
Gerste 1 Tasse / 120g. (ja)
Shiitake, getrocknet 4 g. / 4g. (ja)
Zwiebel Schalotte 1 Stück / 20g. (ja)
Cumin (Kreuzkümmel) 1 Messerspitze / 0,5g. (ja)
Sonnenblumenöl 1 EL / 10g. (wenig)
Wasser 300 ml / 250g. (ja)
Sellerie Stangensellerie 2 Äste / 20g. (ja)
Erbse, grün 250 g. / 250g. (ja)
Tomate 1 Stück / 50g. (ja)
Karotte (Mohrrübe, Möhre) 2 Stück / 150g. (ja)
Stangenbohnen (Fisolen) 1 Handvoll / 30g. (ja)
Salz 1 Prise / 1g. (ja)
Pfeffer gemahlen 1 Prise / 0,5g. ()
Petersilie 1 TL / 3g. (ja)
Butter Bio 1 TL / 3g. (wenig)

Kochanleitung:
Gerste am Abend einweichen. Am nächsten Tag die Pilze separat
einweichen. Zwiebel und Cumin in Öl bräunen, dann mit Wasser
aufkochen. Das kleingeschnittene Gemüse, etwas Salz, die Gerste und
die Shiitakepilze hinzufügen und alles zu einer dicken Suppe weich
kochen. Am Ende mit Pfeffer, Petersilie und etwas Butter
abschmecken.

3.26 Gerstenschrotsuppe

Harntreibend, stärkt Magen, befeuchtet Darm, regt Leberfunktion an,
antioxidativ, fördert Verdauung, entgiftet, reduziert Blutfett, regt an, löst
Stagnation.
Anzahl Portionen: 2
Kalorien p. Portion   265
Gramm p. Portion   201
Kochdauer ca.   25 Min.
Allergene: A
(Kohlehydrat:75,62% / Eiweiß & Fett:24,38%)
100g.≈ Eiweiß 8,17g. Fett:6,42g.
µg. - Ph:56,06 Na:4,73 Ka:103,77 Mg:19,04 Ca:16,65 Fe:0,63 Zn:0,22 Col.:0,01
Hsr.:17,61

Zutaten:
Gerste 1 Tasse / 120g. (ja)
Salz 1 Prise / 1g. (ja)
Ingwer frisch 1/2 TL / 1g. (ja)
Olivenöl 1 EL / 10g. (ja)
Petersilie 3 EL / 30g. (ja)
Wasser 2 Tassen / 240g. (ja)

Kochanleitung:
Gerste in der Pfanne trocken rösten, anschließend zu Schrot mahlen und mit Wasser, etwas Salz und Ingwer zu einem Brei kochen. Vor dem Servieren Öl und Petersilie unterheben. Variante: Man kann dem Gericht einen noch besseren Geschmack verleihen, indem man es mit vorbereiteter Gemüse- oder Fleischbrühe kocht.

3.27 Getreidekaffee mit Kardamom

Harntreibend, stärkt Magen, befeuchtet Darm, befeuchtet die Haut, entspannt, vermindert Fettgewebe.

Anzahl Portionen: 1
Kalorien p. Portion 4
Gramm p. Portion 136
Kochdauer ca. 5 Min.
(Kohlehydrat:98,58% / Eiweiß & Fett:1,42%)
100g.≈ Eiweiß 0,12g. Fett:0,08g.
µg. - Ph:1,29 Na:1,02 Ka:7,9 Mg:2,49 Ca:5,37 Fe:0,08 Zn:0,09 Col.:0 Hsr.:0

Zutaten:
Getreidekaffee 1 EL / 15g. (ja)
Kardamom 2 Kerne / 1g. (ja)
Wasser 1 Tasse / 120g. (ja)

Kochanleitung:
Wasser, Kaffee, Zucker und Kardamom aufkochen und setzen lassen.

3.28 Grundrezept für eine Hühnerbrühe

Stärkt Blut, baut Milz und Magen auf, stärkt Knochenmark, senkt Blutdruck, bakterizid, stärkt Immunsystem, fördert Schwitzen, löst Stagnation. Gut bei Appetitlosigkeit und Blähungen.

Anzahl Portionen: 9
Kalorien p. Portion 90
Gramm p. Portion 244,89
Kochdauer ca. 2-3 Stunden
Allergene: L
(Kohlehydrat:10,44% / Eiweiß & Fett:89,56%)
100g.≈ Eiweiß 15,69g. Fett:11,57g.
µg. - Ph:7,72 Na:5,27 Ka:16,86 Mg:1,2 Ca:3,41 Fe:0,1 Zn:0 Col.:0,25 Hsr.:8,27

Zutaten:
Huhn Fleisch 1/2 Stück / 600g. (ja)
Karotte (Mohrrübe, Möhre) 2 Stück / 150g. (ja)
Lauch (Porree) 1 Stange / 45g. (ja)
Sellerie Knolle 1 Stück / 500g. (ja)
Ingwer frisch 2 Scheiben / 2g. (ja)
Bockshornklee 1 TL / 2g. (ja)
Wacholderbeere 1 TL / 3g. (ja)
Lorbeerblatt 3 Stück / 2g. (ja)
Wasser 1 Liter / 900g. (ja)

Kochanleitung:
Hühnerteile von Fett befreien, in einen Topf mit heißem Wasser geben, kurz aufkochen lassen und entstehenden Schaum abschöpfen. Grob geschnittenes Gemüse und alle Gewürze zugeben und 2-3 Std. bei mittlerer Hitze kochen, dann alles abseihen. Tipp: Wenn Sie das Fleisch als Suppeneinlage verwenden möchten, bereits nach 45 Min. herausnehmen und nur die Knochen in der Suppe lassen.

3.29 Grundrezept für eine nahrhafte Gemüsebrühe

Senkt Blutdruck und Blutfett, bakterizid, stärkt Immunsystem, beugt Krebs vor, stärkt Magen, löst Stagnation, fördert Gewichtsabnahme, hilft bei Appetitlosigkeit, Blähungen, Bluthochdruck, Depressionen, Diabetes, Durchfall.

Anzahl Portionen: 5
Kalorien p. Portion 48
Gramm p. Portion 240,6
Kochdauer ca. 2-3 Stunden
Allergene: L
(Kohlehydrat:71,3% / Eiweiß & Fett:28,7%)
100g.≈ Eiweiß 1,57g. Fett:1,31g.
µg. - Ph:4,86 Na:3,67 Ka:25,68 Mg:1,8 Ca:6,32 Fe:0,1 Zn:0,01 Col.:0 Hsr.:2,78

Zutaten:

Olivenöl 1 EL / 4g. (ja)
Zwiebel weiss 1 Stück / 60g. (ja)
Karotte (Mohrrübe, Möhre) 3 Stück / 200g. (ja)
Pastinake 150 g. / 150g. (ja)
Sellerie Knolle 1 Tasse / 100g. (ja)
Ingwer frisch 1/2 TL / 2g. (ja)
Zitrone 1/2 Stück / 25g. (ja)
Wacholderbeere 6 Stück / 6g. (ja)
Thymian getrocknet 1 Prise / 1g. (ja)
Liebstöckel 1 EL / 3g. (ja)
Lorbeerblatt 2 Blätter / 1g. (ja)
Salz 1 Prise / 1g. (ja)
Wasser 3/4 Liter / 650g. (ja)

Kochanleitung:

Gemüse würfelig schneiden. Öl in einem Topf erhitzen, die Zwiebel und das Gemüse darin anbraten, Ingwer und Lorbeer zugeben. Mit kaltem Wasser aufgießen, Zitronensaft zufügen und mit Wacholder, Thymian und Liebstöckel würzen. 2-3 Std. auf kleiner Stufe zugedeckt köcheln lassen. Brühe durch ein Sieb streichen und im Kühlschrank aufbewahren. Sie dient als Suppengrundlage und verfeinert Gemüse, Hülsenfrüchte oder Getreide.

3.30 Grundrezept für eine Reissuppe

Niedriger Fettgehalt, zur Entwässerung des Körpers bei Übergewicht und Bluthochdruck.
Anzahl Portionen: 3
Kalorien p. Portion 140
Gramm p. Portion   273,33
Kochdauer ca.   2-4 Stunden
(Kohlehydrat:89,71% / Eiweiß & Fett:10,29%)
100g.≈ Eiweiß 2,96g. Fett:0,48g.
µg. - Ph:5,85 Na:0,58 Ka:5,02 Mg:3,41 Ca:1,72 Fe:0,03 Zn:0,02 Col.:0 Hsr.:6,34

Zutaten:

Reis Sorte beliebig 1 Tasse / 120g. (ja)
Wasser 6 Tassen / 700g. (ja)

Kochanleitung:

Man kocht Reis und Wasser in einem Verhältnis von etwa 1:6. Die Menge des Wassers bestimmt die Dicke des Breis (reine Geschmackssache). Der Reis quillt unwahrscheinlich auf, nehmen Sie also nicht viel. Geben Sie den Reis in einen Topf mit einem schweren Deckel. Wichtig ist, den Reis nach kurzem Aufkochen nur auf kleinster Stufe köcheln zu lassen, da er sonst anbrennt. Kochen Sie den Reis 2-4 Stunden. Je länger er kocht, desto stärkender wirkt er. Wenn Sie das Gericht zum Frühstück essen möchten, können Sie den Reis auch kurz vor dem Zubettgehen aufsetzen. Sicherheitshalber sollten Sie vorher einmal unter Beobachtung für eine ähnlich lange Zeit das Verhalten Ihres Topfes und Herdes prüfen, damit nichts anbrennt.

3.31 Grundrezept für eine Rinderbrühe

Stärkt Muskeln, Sehnen und Knochen, senkt Blutdruck, bakterizid, stärkt Immunsystem, beugt Krebs vor, reduziert Strahlenverletzungen, regt Verdauung an, reduziert Schmerzen, fördert Verdauung. Harntreibend, stillt Blutung. Rosmarin fördert Verdauung.

Anzahl Portionen: 10
Kalorien p. Portion 114
Gramm p. Portion 276
Kochdauer ca. 4-8 Stunden
Allergene: O
(Kohlehydrat:22,24% / Eiweiß & Fett:77,76%)
100g.≈ Eiweiß 12,22g. Fett:4,1g.
µg. - Ph:5,14 Na:3,08 Ka:13,39 Mg:1,06 Ca:2,52 Fe:0,09 Zn:0,01 Col.:0,14 Hsr.:3,57

Zutaten:
Rind Suppenfleisch 500 g. / 500g. (wenig)
Rind Fleischknochen 200 g. / 200g. (ja)
Essig (Rotweinessig) 1 Schuss / 3g. (ja)
Wacholderbeere 8 Stück / 6g. (ja)
Rosmarin 1 Prise / 1g. (ja)
Karotte (Mohrrübe, Möhre) 3 Stück / 210g. (ja)
Pastinake 2 Stück / 300g. (ja)
Lauch (Porree) 1 Stück / 200g. (ja)
Ingwer frisch 1/2 TL / 5g. (ja)
Liebstöckel 1 Stiel / 15g. (ja)
Nelke 2 Stück / 2g. (ja)
Piment 6 Stück / 12g. (ja)
Anis (gemeiner Fenchel) 2 Stück / 1g. (ja)
Salz 1 TL / 5g. (ja)
Wasser 1 1/2 Liter / 1300g. (ja)

Kochanleitung:
Rotweinessig, Wacholderbeeren, Rosmarin, Knochen und Fleisch in Wasser zum Kochen bringen. Karotten, Pastinaken, Lauch, Ingwer, Liebstöckelgrün, Nelken, Piment, Sternanis und etwas Salz zufügen

und alles 4-8 Std. köcheln und dann abseihen. Brühe im Kühlschrank aufbewahren.

3.32 Gurkensalat

Gurke kühlt und befeuchtet, entgiftet, unterdrückt Umwandlung von Zucker in Fett, senkt Cholesterinspiegel, beugt Krebs vor, ist harntreibend. Dill wirkt gegen Blähungen, ist krampflösend bei Magen-Darm-Beschwerden.

Anzahl Portionen: 2
Kalorien p. Portion 27
Gramm p. Portion 206
Kochdauer ca. 5 min.
Allergene: O
(Kohlehydrat:68% / Eiweiß & Fett:32%)
100g.≈ Eiweiß 1,61g. Fett:0,4g.
µg. - Ph:5,92 Na:2,32 Ka:35,15 Mg:2,16 Ca:4,03 Fe:0,12 Zn:0,05 Col.:0 Hsr.:1,94

Zutaten:
Gurke 1 Stück / 400g. (ja)
Salz 1 Prise / 1g. (ja)
Dill 1 Prise / 1g. (ja)
Essig (Apfelessig) 1 EL / 10g. (ja)

Kochanleitung:
Bio-Gurke mit Schale, konventionelle Gurke schälen, dünn schneiden und würzen.

3.33 Gurkensuppe

Kühlt und befeuchtet, harntreibend, entgiftend, unterdrückt Umwandlung von Zucker in Fett, senkt Cholesterinspiegel, beugt Krebs vor, fördert Verdauung, schweißtreibend, reduziert Wind, gegen Hefepilzinfektionen.

Anzahl Portionen: 4
Kalorien p. Portion 96
Gramm p. Portion 235,38
Kochdauer ca. 20 min.
Allergene: M
(Kohlehydrat:22,18% / Eiweiß & Fett:77,82%)
100g.≈ Eiweiß 0,92g. Fett:9,03g.
µg. - Ph:2,67 Na:1,28 Ka:15,59 Mg:1,17 Ca:2,57 Fe:0,06 Zn:0,01 Col.:0 Hsr.:0,85

Zutaten:
Olivenöl 2 EL / 35g. (ja)
Gurke 2 Stück / 400g. (ja)
Wasser 1/2 Liter / 500g. (ja)
Salbei 3 Blätter / 3g. (ja)
Senf 1/2 TL / 0,5g. (ja)
Koriander 1 Prise / 1g. (ja)
Kardamom 1 Prise / 1g. (ja)
Salz 1 Prise / 1g. (ja)

Kochanleitung:
Öl erhitzen und die klein geschnittenen Gurken kurz darin anbraten.
Senfkörner, Koriander, Kardamom und Salz dazugeben und kurz
mitbraten. Mit dem Wasser übergießen und 10-15 Min. köcheln lassen.
Pürieren und mit frisch gehacktem Salbei garnieren.

3.34 Heidelbeermus

Heidelbeeren wirken abführend, Nelken lösen Stagnation, Zimtpulver
erwärmt Magen und Milz. Baut Blut auf, fördert Durchblutung und
Leitbahnfluss.
Anzahl Portionen: 1
Kalorien p. Portion   11
Gramm p. Portion   271,1
Kochdauer ca.   10 Min.
(Kohlehydrat:78,35% / Eiweiß & Fett:21,65%)
100g.≈ Eiweiß 0,2g. Fett:0,32g.
µg. - Ph:0,98 Na:1,01 Ka:5,56 Mg:1,09 Ca:6 Fe:0,06 Zn:0,1 Col.:0 Hsr.:1,48

Zutaten:
Heidelbeere 20 g. / 20g. (ja)
Zimtpulver 1 Prise / 0,1g. (ja)
Nelke 1 Stück / 1g. (ja)
Wasser 1/4 Liter / 250g. (ja)

Kochanleitung:
Heidelbeeren mit Zimt und Nelke im Wasser 10 Min. kochen. Zimt und
Nelke entfernen, pürieren und nach Wunsch süßen.

3.35 Herzhafter Polentabrei

Stärkt Milz und Magen, harntreibend, fördert Verdauung, entgiftet, treibt Schweiß, reduziert Blutfett, regt an, löst Stagnation, fördert Appetit.
Anzahl Portionen: 2
Kalorien p. Portion 262
Gramm p. Portion 207,5
Kochdauer ca. 10 Min.
(Kohlehydrat:80% / Eiweiß & Fett:20%)
100g.≈ Eiweiß 5,65g. Fett:5,94g.
µg. - Ph:6,71 Na:0,73 Ka:11,2 Mg:2,2 Ca:2,17 Fe:0,09 Zn:0,05 Col.:0 Hsr.:2,46

Zutaten:
Mais Gries (Polenta) 1 Tasse / 120g. (ja)
Zwiebel Frühlingszwiebel 2 Stück / 40g. (ja)
Ingwer frisch 1/2 TL / 2g. (ja)
Muskatnuss 1 Prise / 1g. (ja)
Salz 1 Prise / 1g. (ja)
Olivenöl 1 EL / 10g. (ja)
Kurkuma (Gelbwurz) 1 Prise / 1g. (ja)
Wasser 2 Tassen / 240g. (ja)

Kochanleitung:
Polenta in kochendes Wasser einrühren und quellen lassen.
Frühlingszwiebel, geriebenen Ingwer, Kurkuma, Muskat, Salz und Olivenöl zugeben und weiter ziehen lassen.

3.36 Hirse mit Birnen

Erfrischend und nährend, fördert Verdauung, harntreibend, stillt Husten, treibt Schweiß, senkt Blutfett, regt an, löst Stagnation, baut Leber auf, stärkt Muskeln, befeuchtet Darm, senkt Cholesterinspiegel, antiparasitär.
Anzahl Portionen: 5
Kalorien p. Portion 213
Gramm p. Portion 238,4
Kochdauer ca. 35 Min.
Allergene: G
(Kohlehydrat:85,54% / Eiweiß & Fett:14,46%)
100g.≈ Eiweiß 3,91g. Fett:3,24g.
µg. - Ph:9,48 Na:0,56 Ka:21,43 Mg:4,96 Ca:2,64 Fe:0,24 Zn:0,02 Col.:0 Hsr.:3,84

Zutaten:
Hirse 1 Tasse / 120g. (ja)
Wasser 2 Tassen / 200g. (ja)
Traubensaft rot 2 Tassen / 240g. (ja)
Birne 4 Stück / 600g. (ja)
Ingwer frisch 1/2 TL / 2g. (ja)
Salz 1 Prise / 1g. (ja)
Acerola Fruchtnektar oder Pulver 1 TL / 2g. (empfehlenswert)
Kakao 1 Prise / 1g. (ja)
Sonnenblumenkerne 2 EL / 4g. (ja)
Gerstenmalz 1/2 TL / 2g. (ja)
Sahne, süß 30% 2 TL / 20g. (wenig)

Kochanleitung:
Hirse in heißem Wasser aufsetzen und gar kochen. Danach:
Traubensaft im Topf erwärmen und kleingeschnittene Birnen, sehr
wenig geriebenen Ingwer, eine kleine Prise Salz, Acerola und eine
Prise Kakao dazugeben und kurz andünsten. Die gekochte Hirse,
Sonnenblumenkerne, etwas Gerstenmalz nach Belieben, 1 TL Sahne
pro Portion oder etwas Butter untermengen und erhitzen.

3.37 Hühnersuppe mit Grünkern, Petersilie und Sake

Stärkt Blut, baut Milz und Magen auf, stärkt Knochenmark, senkt
Blutdruck, bakterizid, stärkt Immunsystem, regt Leberfunktion an,
entgiftet, fördert Durchblutung, verbessert Medikamentenwirkung, regt
Appetit an.
Anzahl Portionen: 2
Kalorien p. Portion 150
Gramm p. Portion 273
Kochdauer ca. 1 1/2 Stunden
Allergene: AL
(Kohlehydrat:84% / Eiweiß & Fett:16%)
100g.≈ Eiweiß 17,19g. Fett:1,3g.
µg. - Ph:9,83 Na:8,28 Ka:15,94 Mg:25,41 Ca:66,21 Fe:0,3 Zn:0,08 Col.:0,45 Hsr.:3,87

Zutaten:
Grundrezept für eine Hühnerbrühe wärmend 1/2 Liter / 500g. (ja)
Grünkern 4 EL / 30g. (ja)
Petersilie 2 EL / 14g. (ja)
Sake 1 Schuss / 2g. (ja)

Kochanleitung:
Die Zutaten in der erhitzten Suppe 10 Min. ziehen lassen.

3.38 Humus

Entspannt bei Brustdruckgefühl, befeuchtet trockene Haut, hilft bei Inkontinenz, wirkt antioxidativ. Regt Leberfunktion an, entgiftet, stimuliert das Immunsystem, regt an, löst Stagnation.

Anzahl Portionen: 2
Kalorien p. Portion 542
Gramm p. Portion 141
Kochdauer ca. 2 Stunden
Allergene: N
(Kohlehydrat:64% / Eiweiß & Fett:36%)
100g.≈ Eiweiß 24,03g. Fett:17,08g.
µg. - Ph:42,31 Na:10,88 Ka:27,9 Mg:26,09 Ca:27,87 Fe:1,27 Zn:0,62 Col.:0,02 Hsr.:75,99

Zutaten:
Kichererbsen 2 Tassen / 240g. (ja)
Wakame 1 TL zerrieben / 2g. (ja)
Ingwer frisch 1/4 TL / 1g. (ja)
Rosmarin 1 Prise / 0,5g. (ja)
Sesam Paste (Tahini) 1 EL / 10g. (ja)
Olivenöl 2 EL / 20g. (ja)
Zitrone Saft 1 Spritzer / 2g. (ja)
Wasser nach Bedarf / g. (ja)
Knoblauch 1 Zehe geschabt / 2g. (ja)
Petersilie 1 TL gehackte / 2g. (ja)
Paprika 1 Prise / 0,2g. (ja)
Koriander 1 Prise / 0,2g. (ja)
Kardamom 1 Prise / 0,2g. (ja)
Chili (Schote oder gemahlen) 1 Prise / 0,2g. (ja)
Pfeffer gemahlen 1 Prise / 0,2g. ()
Salz Kräutersalz 1/2 TL / 2g. (ja)

Kochanleitung:
Kichererbsen mindestens 6 Std. einweichen, Einweichwasser weggießen und in frischem Wasser ca. 1-1,5 Std. mit Wakame und Ingwer kochen, erkalten lassen und einige Spritzer Zitronensaft und Petersilie zufügen. Kleingeschnittenen oder gepressten Knoblauch zugeben und mit Pfeffer, je nach Geschmack mehr oder weniger Koriander- und Kardamompulver und etwas Chili würzen und mit Tahin und Olivenöl abrunden. Alle Zutaten pürieren, je nach Konsistenz Wasser zugeben, bis eine geschmeidige Paste entsteht. Auf Getreideküchlein, Cracker oder getoastetes Brot streichen oder zu Salat genießen.

3.39 Italienischer Champignonreis

Erfrischend und nährend, befeuchtend. Fördert die Verdauung und die Durchblutung, lindert Bluthochdruck, stärkt Milz, Magen und Muskeln, fördert das Wachstum, löst Stagnation.

Anzahl Portionen: 4
Kalorien p. Portion 257
Gramm p. Portion   242,72
Kochdauer ca.   25 Min.
Allergene: G
(Kohlehydrat:81,14% / Eiweiß & Fett:18,86%)
100g.≈ Eiweiß 7,94g. Fett:3,05g.
µg. - Ph:32 Na:7,49 Ka:37,64 Mg:10,98 Ca:9,12 Fe:0,25 Zn:0,04 Col.:0,11 Hsr.:12,41

Zutaten:
Reis Rundkornreis 2 Tassen / 240g. (ja)
Wasser 1/2 Liter / 450g. (ja)
Pfeffer gemahlen 1 Prise / 0,2g. ()
Salz 1 Prise / 0,5g. (ja)
Zitrone Saft 1 Schuss / 2g. (ja)
Champignon 250 g. / 250g. (ja)
Paprika (Rosenpaprikapulver) 1 Prise / 0,2g. (ja)
Olivenöl 1 TL / 3g. (ja)
Lauchzwiebel Schnittlauch 1 TL / 5g. (ja)
Parmesan 2 EL / 20g. (wenig)

Kochanleitung:
Rundkornreis mit kaltem Wasser aufsetzen und gar kochen. Gemahlenen Pfeffer, Salz, reichlich Zitronensaft, Rosenpaprika, etwas Olivenöl oder Butter dazugeben und alles gut durchmengen. Reichlich feinblättrig geschnittene Champignons, Schnittlauch oder die grünen Teile der Frühlingszwiebel sowie etwas geriebenen Parmesan vorsichtig unterheben. Passt zu: Gemüse- und Tofugerichten, Gerichten mit Tomatensoße.

3.40 Japanische Algensuppe

Nährt Nieren-Yin, kühlt Hitze, löst Verhärtungen. Senkt Blutdruck, bakterizid, stärkt Immunsystem, beugt Krebs vor, reduziert Strahlenverletzungen, fördert Verdauung, entgiftet und stimuliert das Immunsystem.

Anzahl Portionen: 3
Kalorien p. Portion 47
Gramm p. Portion 261,67
Kochdauer ca. 20 Min.
(Kohlehydrat:70% / Eiweiß & Fett:30%)
100g.≈ Eiweiß 3,01g. Fett:0,64g.
µg. - Ph:3,46 Na:14,26 Ka:12,31 Mg:1,31 Ca:2,98 Fe:0,08 Zn:0,03 Col.:0 Hsr.:1,16

Zutaten:
Wakame 25 g. / 25g. (ja)
Wasser 1/2 Liter / 450g. (ja)
Zwiebel Schalotte 1-2 Stk. / 30g. (ja)
Rettich (weiß, grün, lila-rot) 50 g. / 50g. (ja)
Karotte (Mohrrübe, Möhre) 2 Stück / 180g. (ja)
Miso 2 EL / 20g. (ja)
Petersilie 2 EL / 20g. (ja)
Zwiebel Frühlingszwiebel 1 EL geschnitten / 10g. (ja)

Kochanleitung:
Wakame einige Minuten in Wasser einweichen, herausnehmen und das Wasser zum Kochen bringen. Fein geschnittene Zwiebeln und in feine Streifen geschnittene Wakame, Rettich und Karotten zugeben und weitere 10 Min. köcheln. Miso in etwas abgekühltem Kochwasser lösen und am Ende dazugeben. Mit Petersilie und Frühlingszwiebeln bestreuen.

3.41 Karotten- Reisschleimsuppe

Gegen Durchfall, bei Fieber, bakterizid, stärkt Immunsystem, senkt Blutdruck.

Anzahl Portionen: 1
Kalorien p. Portion 101
Gramm p. Portion 224
Kochdauer ca. 10 Min.
(Kohlehydrat:96% / Eiweiß & Fett:4%)
100g.≈ Eiweiß 2,37g. Fett:0,4g.
µg. - Ph:27,48 Na:20,34 Ka:65,63 Mg:170,89 Ca:178,57 Fe:1,03 Zn:0,34 Col.:0 Hsr.:12,3

Zutaten:
Grundrezept für eine Reissuppe (Congee) 1 Tasse / 120g. (ja)
Karotte (Mohrrübe, Möhre) 2 Stück / 100g. (ja)
Salz 1 TL / 4g. (ja)

Kochanleitung:
Karotten schälen und reiben. Die Reissuppe aufkochen und die
geriebenen Karotten sowie Salz zufügen. 10 Min. kochen.

3.42 Karotten-Kartoffel-Rucola Brötchen

Lindert Entzündungen, verbessert Verdauung, harntreibend, senkt
Cholesterinspiegel, stärkt Immunsystem, beugt Krebs vor, löst
Verstopfung (ballaststoffreich), löst Stagnation.
Anzahl Portionen: 4
Kalorien p. Portion 94
Gramm p. Portion   116,25
Kochdauer ca.   20 Min.
Allergene: AG
(Kohlehydrat:55% / Eiweiß & Fett:45%)
100g.≈ Eiweiß 2,68g. Fett:2,83g.
µg. - Ph:4,15 Na:4,56 Ka:16,7 Mg:1,23 Ca:1,78 Fe:0,06 Zn:0,03 Col.:0,25 Hsr.:1,27

Zutaten:
Kartoffel (mehlige) 200 g / 200g. (ja)
Karotte (Mohrrübe, Möhre) 1 Stück / 50g. (ja)
Sauerrahm 15% Fett 3 EL / 45g. (wenig)
Zwiebel Frühlingszwiebel 1 Stück / 20g. (ja)
Rucola Rauke 1/2 Bund / 100g. ()
Zitrone Schale 1/4 TL / 1g. (ja)
Salz 1 Prise / 1g. (ja)
Pfeffer gemahlen 1 Prise / 0,2g. ()
Vollkornbrot 8 Scheiben / 48g. (ja)

Kochanleitung:
Kartoffeln in der Schale weich kochen, abziehen und durch die
Kartoffelpresse drücken. Gemüsebrühe nach Grundrezept kochen und
eine Karotte nach kurzer Garzeit herausnehmen und mit der Gabel fein
zerdrücken. Kartoffeln, Karotten, abgeriebene Zitronenschale und
Sauerrahm zu einer glatten Creme verrühren. Karotten-Kartoffel-Creme
mit fein geschnittenem Rucola verrühren. Den Aufstrich mit Salz und
Pfeffer abschmecken und die Brote bestreichen. Mit den fein
geschnittenen Jungzwiebeln bestreuen.

3.43 Karotten-Risotto

Stärkt Immunsystem, beugt Krebs vor, löst Stagnation, regt Leberfunktion an. Gut bei Appetitlosigkeit, Blähungen, Bluthochdruck, Depressionen, Diabetes, Durchfall.

Anzahl Portionen: 2
Kalorien p. Portion 308
Gramm p. Portion 340,8
Kochdauer ca. 45 Min.
Allergene: GL
(Kohlehydrat:83,67% / Eiweiß & Fett:16,33%)
100g.≈ Eiweiß 8,5g. Fett:5,99g.
µg. - Ph:27,11 Na:19,13 Ka:58,22 Mg:32,31 Ca:116,16 Fe:0,67 Zn:0,11 Col.:0,3 Hsr.:14,66

Zutaten:
Olivenöl 1/2 EL / 5g. (ja)
Zwiebel Frühlingszwiebel 2 EL / 7g. (ja)
Muskatnuss 1 Prise / 0,3g. (ja)
Petersilie 1/2 Bund / 25g. (ja)
Reis Sorte beliebig 100 g. / 100g. (ja)
Karotte (Mohrrübe, Möhre) 250 g. / 250g. (ja)
Grundrezept für eine Gemüsebrühe nahrhaft 300 ml. / 280g. (ja)
Fenchelsamen gemahlen 1/4 TL / 1g. (ja)
Basilikum (frisch) 1/2 TL / 2g. (ja)
Salz 1 Prise / 1g. (ja)
Pfeffer gemahlen 1 Prise / 0,3g. ()
Parmesan 1 EL / 10g. (wenig)

Kochanleitung:
In einer flachen Pfanne das Öl erhitzen, die Zwiebeln darin glasig und sehr weich dünsten. Petersilie zugeben und kurz andünsten. Reis, Karotten und Muskat zufügen und unter Rühren kurz andünsten. Mit der Gemüsebrühe aufgießen, mit Fenchel und Basilikum würzen, alles zum Kochen bringen und ca. 20 Min. kochen, bis Reis und Karotten gut durch sind. Dabei ab und zu umrühren und bei Bedarf etwas Gemüsebrühe nachgießen. Das Risotto soll leicht suppig sein. Kurz vor Ende der Garzeit den Weißwein untermischen und das Risotto noch kurz aufköcheln lassen, dann vom Herd nehmen und Parmesan untermischen.

3.44 Kartoffel-Basilikumsuppe

Lindert Entzündungen, fördert Verdauung, harntreibend, senkt Cholesterinspiegel und Blutdruck, bakterizid, stärkt Immunsystem, beugt Krebs vor, reduziert Strahlenverletzungen, antioxidativ, löst Stagnation.

Anzahl Portionen: 4
Kalorien p. Portion 96
Gramm p. Portion   330,12
Kochdauer ca.   25 min.
Allergene: L
(Kohlehydrat:68,68% / Eiweiß & Fett:31,32%)
100g.≈ Eiweiß 3,24g. Fett:2,99g.
µg. - Ph:7,65 Na:13,39 Ka:52,12 Mg:2,43 Ca:11,65 Fe:0,11 Zn:0,01 Col.:0 Hsr.:7,59

Zutaten:
Wasser 500 ml / 450g. (ja)
Kartoffel 4 Stück / 200g. (ja)
Karotte (Mohrrübe, Möhre) 2 Stück / 100g. (ja)
Sellerie Knolle 1 Stück / 500g. (ja)
Pfeffer gemahlen 1 Prise / 0,5g. ()
Kümmel 1 Prise / 1g. (ja)
Knoblauch 1 Zehe / 3g. (ja)
Salz 1 Prise / 1g. (ja)
Zitrone 1 TL / 3g. (ja)
Basilikum (frisch) 1 Bund / 50g. (ja)
Paprika (Rosenpaprikapulver) 1 Prise / 1g. (ja)
Zucker Ursüße (Zuckerrohr) süß 1 Prise / 1g. (wenig)
Olivenöl 1 EL / 10g. (ja)

Kochanleitung:
4 mittelgroße Kartoffeln, 2 mittelgroße Karotten und 1 Stück Knollensellerie geschält und kleingeschnitten in heißes Wasser geben und zusammen mit einer Prise Pfeffer und Salz, einer Prise gemahlenem Kümmel, einer kleinen zerdrückten Knoblauchzehe und 1 TL Zitronensaft köcheln, bis das Gemüse weich ist. Von 1 Bund Basilikum (fein gehackt) eine Hälfte in die Suppe geben und alles pürieren. Die andere Hälfte anschließend unterrühren und mit Rosenpaprika, einer Prise Vollrohrzucker, 1 EL Olivenöl oder Butter, frisch gemahlenem Pfeffer und Salz abschmecken.

3.45 Kartoffeln mit Quark-Soße

Verbessert Verdauung, harntreibend, senkt Cholesterinspiegel. Gut bei Körperschwäche, Magendruck, Aufstoßen, Diabetes, akute oder chronische Verstopfung des Darmes, Hautproblemen, gegen Blähungen, krampflösend bei Magen-Darm-Beschwerden.

Anzahl Portionen: 6
Kalorien p. Portion 413
Gramm p. Portion 323,33
Kochdauer ca. 45 Min.
Allergene: G
(Kohlehydrat:38% / Eiweiß & Fett:62%)
100g.≈ Eiweiß 18,46g. Fett:35,24g.
µg. - Ph:3,26 Na:1,14 Ka:7,47 Mg:0,69 Ca:2,52 Fe:0,01 Zn:0,02 Col.:0,18 Hsr.:0,32

Zutaten:
Kartoffel 1 Kg / 1000g. (ja)
Topfen (Quark) 20% 500 g. / 500g. (ja)
Sahne, süß 30% 200 g / 200g. (wenig)
Edamer 80 g. / 80g. (ja)
Dill 1 Bund / 100g. (ja)
Maiskeimöl 1 TL / 3g. (ja)
Pfeffer gemahlen 1 Prise / 0,2g. ()
Salz 1/2 TL / 1g. (ja)
Sonnenblumenkerne 40 g. / 40g. (ja)

Kochanleitung:
Die Kartoffeln waschen und in reichlich Wasser ca. 20 Min. garen. Den Quark mit der Sahne und dem Käse cremig rühren. Die Sprossen waschen und fein hacken. Mit dem gehackten Dill unterrühren (für das Baby 150 g Quark mit dem Öl verrühren). Den Rest mit Pfeffer, Salz und den Sonnenblumenkernen verrühren. Die Kartoffeln schälen, (für das Baby 200 g) und mit dem Quark anrichten.

3.46 Kichererbsen mit Karotten, Hijiki und Rosinen

Nährend, baut Qi auf, senkt Blutdruck, bakterizid, stärkt Immunsystem, hilft bei Inkontinenz, stärkt Milz, Magen und Muskeln.

Anzahl Portionen: 2
Kalorien p. Portion 429
Gramm p. Portion 320
Kochdauer ca. 45 Min.
Allergene: EGO
(Kohlehydrat:76% / Eiweiß & Fett:24%)
100g.≈ Eiweiß 15,66g. Fett:8,23g.
µg. - Ph:20,87 Na:10,25 Ka:24,9 Mg:10,7 Ca:10,61 Fe:0,46 Zn:0,22 Col.:0,13 Hsr.:21,36

Zutaten:

Kichererbsen 1 Tasse / 120g. (ja)
Hijiki 1 EL / 7g. (ja)
Salz 1 Prise / 0,5g. (ja)
Sonnenblumenöl 1 EL / 10g. (wenig)
Karotte (Mohrrübe, Möhre) 2 Stück / 160g. (ja)
Rosinen 2 EL / 18g. (ja)
Ingwer frisch 1/2 TL / 2g. (ja)
Cumin (Kreuzkümmel) 1 Prise / 0,2g. (ja)
Zitrone Saft 1 Schuss / 1g. (ja)
Sauerrahm 15% Fett 1 EL / 8g. (wenig)
Sojabohnenmilch 1 Schuss / 1g. (ja)
Koriander 1 Prise / 0,2g. (ja)
Sojasauce 1 Schuss / 1g. (ja)
Reis Rundkornreis 1/2 Tasse / 60g. (ja)
Wasser 3 Tassen / 250g. (ja)
Salz 1 Prise / 1g. (ja)

Kochanleitung:

Vorbereitung: Kichererbsen in kaltem Wasser mehrere Stunden oder über Nacht einweiche n. Einweichwasser wegschütten und die Kichererbsen in kaltem Wasser aufsetzen. 1 EL Hijiki zufügen und die Kichererbsen bissfest kochen. Am Ende der Kochzeit Salz zugeben.
Separat: Öl in einer Pfanne erhitzen. Kleingeschnittene Karotten (eine größere Menge als Kichererbsen), Rosinen, geriebenen Ingwer, reichlich Cumin und Salz zufügen und leicht braten, bis die Karotten halb gar sind. Dann Kichererbsen und Meeresalgen zugeben, zusammen mit Zitronensaft, etwas Sauerrahm, Kurkuma und Soja- oder Reismilch. Eine Prise Koriander und etwas Sojasoße untermengen und einige Minuten bei schwacher Hitze durchziehen lassen, bis die Karotten gar sind. Rundkornreis mit dem Wasser aufsetzen, salzen und ca. 20 Min. kochen.

3.47 Kohlrabi in Kerbelsoße mit Kartoffeln

Lindert Entzündungen, senkt Cholesterinspiegel, harntreibend, leitet Darmwinde ab, stärkt Immunsystem, beugt Krebs vor, fördert Gewichtsabnahme. Gut bei Appetitlosigkeit, Blähungen, Bluthochdruck, Depressionen, Diabetes, Durchfall.

Anzahl Portionen: 4
Kalorien p. Portion 188
Gramm p. Portion 316,85
Kochdauer ca.   1 Stunde
Allergene: GL
(Kohlehydrat:79,34% / Eiweiß & Fett:20,66%)
100g.≈ Eiweiß 8,67g. Fett:2,51g.
µg. - Ph:11,79 Na:4,12 Ka:100,2 Mg:13,9 Ca:60,61 Fe:0,16 Zn:0,02 Col.:0,06 Hsr.:3,63

Zutaten:
Kartoffel 6 Stück / 450g. (ja)
Grundrezept für eine Gemüsebrühe nahrhaft 300 ml. / 300g. (ja)
Kartoffel 100 g. / 100g. (ja)
Muskatnuss 1 Prise / 0,2g. (ja)
Zitrone Schale 1/2 TL / 2g. (ja)
Ingwer frisch 1/2 TL / 2g. (ja)
Liebstöckel 1/2 TL / 2g. (ja)
Kohlrabi 300 g. / 300g. (empfehlenswert)
Salz 1 Prise / 1g. (ja)
Pfeffer gemahlen 1 Prise / 0,2g. ()
Sauerrahm 15% Fett 3 EL / 30g. (wenig)
Kerbel getrocknet 1 Bund / 80g. (ja)

Kochanleitung:
Die 6 Kartoffeln in Salzwasser weich kochen. Die Hälfte der Gemüsebrühe zum Kochen bringen. 100G gewürfelte Kartoffeln, Muskat, Zitronenschale, Ingwer und Liebstöckel dazugeben. Kartoffeln zugedeckt ca. 10 Min. weich kochen und alles mit dem Mixstab zu einer glatten Soße pürieren. Restliche Gemüsebrühe zum Kochen bringen. Kohlrabi in Würfel schneiden, zufügen und zugedeckt ca. 8 Min. kochen. Die Kartoffelsoße unterrühren und alles kurz erhitzen. Mit dem Mixstab Kerbel und Sauerrahm fein pürieren. Die Kerbelcreme mit dem Kohlrabigemüse vermischen und mit den gekochten und geschälten Kartoffeln anrichten.

3.48 Kokosreis mit Kardamom

Nährend, leicht erwärmend, harntreibend. Senkt Blutzucker, regt
Leberfunktion an, entgiftet. Gut bei Depressionen.

Anzahl Portionen: 4
Kalorien p. Portion 266
Gramm p. Portion   245,25
Kochdauer ca.   45 Min.
Allergene: GO
(Kohlehydrat:66% / Eiweiß & Fett:34%)
100g.≈ Eiweiß 3,82g. Fett:12,99g.
µg. - Ph:3,93 Na:0,39 Ka:8,97 Mg:2 Ca:1,15 Fe:0,04 Zn:0,02 Col.:0,31 Hsr.:1,18

Zutaten:

Reis Langkornreis 1 Tasse / 120g. (ja)
Wasser 6 Tassen / 400g. (ja)
Zucker Ursüße (Zuckerrohr) süß 1 EL / 10g. (wenig)
Kardamom 1 TL / 2g. (ja)
Ingwer frisch 1/2 TL / 2g. (ja)
Butter Bio 2 EL / 20g. (wenig)
Kokosraspeln 2 EL / 16g. (ja)
Cashewnüsse 1 EL / 8g. (ja)
Rosinen 1 EL / 8g. (ja)
Salz 1 Prise / 0,5g. (ja)
Zitrone 1/2 Stück / 15g. (ja)
Kürbis 300 g. / 300g. (ja)
Olivenöl 2 EL / 20g. (ja)
Koriander 1 Prise / 0,2g. (ja)
Pfeffer gemahlen 1 Prise / 0,2g. ()
Curry 1 Prise / 0,5g. (ja)
Wasser 50 ml. / 50g. (ja)
Salz 1 Prise / 0,5g. (ja)
Petersilie 1 EL / 8g. (ja)
Kardamom 1 Prise / 0,2g. (ja)
Kurkuma (Gelbwurz) 1 Prise / 0,2g. (ja)

Kochanleitung:

Vorbereitung: Langkornreis in kaltem Wasser 1 Std. einweichen und
abtropfen lassen. Danach: Frisches Wasser zum Kochen bringen.
Etwas Vollrohrzucker, reichlich gemahlenen Kardamom oder einige
Kardamomkapseln, geriebenen Ingwer und den Reis ins heiße Wasser
geben und gar kochen. Separat: Etwas Butter in einem Topf erhitzen
und Kokosraspeln, Cashewkerne und Rosinen darin rösten. Den
gekochten Reis und etwas Salz dazugeben, mit Zitronensaft beträufeln,
alles vermengen und einige Minuten durchziehen lassen.

Kürbisgemüse: Olivenöl in einer Pfanne erwärmen. In Würfel geschnittenen Kürbis darin andünsten und würzen mit Koriander, Pfeffer und Curry. Mit wenig Wasser ablöschen und etwas Meersalz zufügen. Klein geschnittene Petersilie dazugeben und mit Kardamom und Kurkuma würzen. Auf kleiner Stufe ca. 10 Min. köcheln, je nach Kürbisart; der Kürbis sollte noch bissfest sein.

3.49 Kompott aus Äpfeln

Apfel (süß) stoppt Durchfall, fördert Verdauung, regt Appetit an, harmonisiert Magen, erwärmt Magen und Milz, fördert Durchblutung.
Anzahl Portionen: 2
Kalorien p. Portion 67
Gramm p. Portion 220,5
Kochdauer ca. 10 Min.
(Kohlehydrat:95,64% / Eiweiß & Fett:4,36%)
100g.≈ Eiweiß 0,24g. Fett:0,46g.
µg. - Ph:2,81 Na:1,03 Ka:36,45 Mg:1,81 Ca:4,33 Fe:0,13 Zn:0,03 Col.:0 Hsr.:3,74

Zutaten:
Apfel (süß) 1 Stück / 220g. (ja)
Wasser 2 Tassen / 220g. (ja)
Zimtpulver 1 Prise / 1g. (ja)

Kochanleitung:
Bio-Apfel mit Schalen und Kernen klein geschnitten im Wasser weich kochen und mit Zimt bestreuen.

3.50 Kürbisschnitzel mit Gewürzreis

Stärkt Lunge und Milz, harntreibend, reduziert Blutzucker, schützt und harmonisiert Leber, befeuchtet Darm, kühlt innere Hitze. Zur Entwässerung des Körpers bei Übergewicht und Bluthochdruck.
Anzahl Portionen: 4
Kalorien p. Portion 438
Gramm p. Portion 260,52
Kochdauer ca. 45 Min.
Allergene: AG
(Kohlehydrat:59,16% / Eiweiß & Fett:40,84%)
100g.≈ Eiweiß 4,2g. Fett:27,78g.
µg. - Ph:19,2 Na:5,08 Ka:46,56 Mg:8,07 Ca:12,07 Fe:0,16 Zn:0,02 Col.:0,25 Hsr.:5,34

Zutaten:

Butterschmalz 1/2 EL / 5g. (wenig)
Safran 1 Briefchen / 0,1g. (ja)
Kurkuma (Gelbwurz) 1 TL / 2g. (ja)
Reis Basmatireis 1 Tasse / 120g. (ja)
Wasser 1 Tasse / 120g. (ja)
Salz 1/2 TL / 2g. (ja)
Kürbis 6-8 Scheiben / 400g. (ja)
Gerstenmehl 1 Tasse / 10g. (ja)
Brösel (Weizenbrot, Semmel) 1 Tasse / 10g. (ja)
Salz 1/2 TL / 2g. (ja)
Pfeffer gemahlen 1 Prise / 1g. ()
Butter Bio 1 EL / 10g. (wenig)
Sahne, süß 30% 1 1/2 Becher / 300g. (wenig)
Gerstenmehl 2 EL / 20g. (ja)
Lauchzwiebel Schnittlauch 3 EL / 20g. (ja)
Dill 3 EL / 20g. (ja)

Kochanleitung:

Das Fett in einem kleinen Topf schmelzen, Safran und Kurkuma hinzufügen und etwa 1-2 Min. bei mittlerer Hitze leicht rösten, damit die Aromen sich entfalten (Achtung: Die Gewürze dürfen auf keinen Fall verbrennen!). Den Reis zufügen und etwa 2 Min. unter ständigem Rühren braten. Salzen, Wasser dazugießen, umrühren und den Topf mit einem Deckel verschließen. Bei schwacher bis mittlerer Hitze kochen lassen, bis das Wasser fast vollständig aufgesogen ist, dann vom Herd nehmen und mit geschlossenem Deckel beiseite stellen und quellen lassen. Nicht mehr umrühren! Wenn das Wasser vollständig aufgesogen ist, ist der Reis fertig! Mehl, Semmelbrösel, Salz und Pfeffer verrühren. Die Kürbisscheiben mit Wasser oder verrührtem Ei anfeuchten, die Scheiben in der Mehlmischung wenden und vorsichtig in Butter braten, bis sie goldbraun sind und der Kürbis weich ist. In einem kleinen Topf die Butter schmelzen, Gerstenmehl darin bräunen und vom Herd nehmen. Die saure Sahne einrühren, salzen, pfeffern und die gehackten Kräuter unterziehen. Die Soße über die gebratenen Kürbisscheiben geben. Dazu den Reis servieren.

3.51 Kürbissuppe

Fördert Verdauung, stärkt Magen und Milz, senkt Blutdruck, bakterizid, stärkt Immunsystem, beugt Krebs vor, reduziert Strahlenverletzungen, regeneriert Haut, senkt Cholesterinspiegel, senkt Blutzucker, schützt Leber.

Anzahl Portionen: 3
Kalorien p. Portion   104
Gramm p. Portion   236,33
Kochdauer ca.   1 Stunde
Allergene:
(Kohlehydrat:71% / Eiweiß & Fett:29%)
100g.≈ Eiweiß 2,54g. Fett:3,64g.
µg. - Ph:4,02 Na:0,96 Ka:24,72 Mg:1,82 Ca:2,89 Fe:0,08 Zn:0,02 Col.:0 Hsr.:1,08

Zutaten:
Kürbis 300 g. / 300g. (ja)
Karotte (Mohrrübe, Möhre) 2 Stück / 100g. (ja)
Kartoffel 2 Stück / 120g. (ja)
Olivenöl 1 EL / 10g. (ja)
Zwiebel weiss 1 Stück / 50g. (ja)
Wasser 1 Tasse / 120g. (ja)
Petersilie 1 EL / 7g. (ja)
Anis (gemeiner Fenchel) 1 Prise / 1g. (ja)
Salz 1 Prise / 1g. (ja)

Kochanleitung:
Olivenöl in einer Pfanne erhitzen. In Würfel geschnittenen Kürbis, gewürfelte Karotten und Kartoffeln dazugeben und kurz anbraten. Klein geschnittene Zwiebel zugeben, mit Wasser auffüllen (Gemüse mindestens drei fingerbreit bedecken), aufkochen und leise köcheln lassen. Mit Meersalz und einer Prise Anis würzen, klein geschnittene Petersilie dazugeben. Alles zusammen ca. 35 Min. köcheln lassen. Anschließend die Suppe pürieren und evtl. Wasser zugeben, je nach Konsistenz.

3.52 Lachs auf Tomaten-Spinat

Nährt und stärkt Blut, fördert Ausscheidung, fördert Durchblutung, stärkt Magen-Darm-Funktion, lindert Entzündungen, regeneriert Haut, harntreibend, senkt Cholesterinspiegel, fördert Schwitzen, löst Stagnation.

Anzahl Portionen: 6
Kalorien p. Portion 365
Gramm p. Portion   354,58
Kochdauer ca.   1 Stunde
Allergene: D
(Kohlehydrat:27,24% / Eiweiß & Fett:72,76%)
100g.≈ Eiweiß 29,54g. Fett:29,9g.
µg. - Ph:19,28 Na:7,43 Ka:53,46 Mg:5,01 Ca:8,25 Fe:0,27 Zn:0,01 Col.:0,28 Hsr.:12,16

Zutaten:
Kartoffel 500 g. / 500g. (ja)
Salz 1 Prise / 1g. (ja)
Lachs 600 g. / 600g. (empfehlenswert)
Rapsöl 2 TL / 24g. (ja)
Tomate 100 g. / 100g. (ja)
Spinat 700 g. / 700g. (ja)
Salz 1 Prise / 1g. (ja)
Pinienkerne 4 EL / 40g. (ja)
Lauch (Porree) 120 g. / 120g. (ja)
Olivenöl 4 EL / 40g. (ja)
Salz 1 Prise / 1g. (ja)
Pfeffer weiss (gemahlen) 1 Prise / 0,5g. (ja)

Kochanleitung:
Kartoffeln schälen, würfelig schneiden und in Salzwasser gar kochen. Den Lachs in Portionen schneiden und in einer Pfanne von beiden Seiten, leicht mit Salz und Pfeffer gewürzt langsam und gleichmäßig braten, später die Pinienkerne dazugeben und leicht anrösten. Spinat in Salzwasser blanchieren, den klein geschnittenen Lauch mit etwas Rapsöl leicht anschwitzen, den blanchierten Spinat dazugeben und gleichmäßig erwärmen. Kurz vor dem Anrichten die halbierten Cocktailtomaten zum Spinat geben und das Gemüse gut mit Salz und Pfeffer abschmecken. Das Spinat-Lauch-Tomaten-Bett mit den Kartoffeln anrichten, den Lachs dazugeben und die gesalzenen Pinienkerne darauf streuen. Das Gericht mit wenig Olivenöl beträufeln und servieren.

3.53 Lauchsuppe mit Mandelmus

Erwärmend und nährend. Fördert Schwitzen, löst Stagnation. Leicht abführend. Adstringierend, antibakteriell, belebend, beruhigend, blutbildend, blutreinigend, blutzuckersenkend. Fördert Verdauung, stärkt Lunge, Milz und Nieren.

Anzahl Portionen: 4
Kalorien p. Portion 115
Gramm p. Portion 232,5
Kochdauer ca. 20 Min.
Allergene: HN
(Kohlehydrat:48% / Eiweiß & Fett:52%)
100g.≈ Eiweiß 2,84g. Fett:3,53g.
µg. - Ph:1,95 Na:6,24 Ka:7,14 Mg:0,86 Ca:2,8 Fe:0,03 Zn:0,02 Col.:0,03 Hsr.:1,15

Zutaten:
Wasser 1/2 Liter / 480g. (ja)
Zucker Ursüße (Zuckerrohr) süß 1 Prise / 0,3g. (wenig)
Lauch (Porree) 2 Stück / 400g. (ja)
Salz 1 Prise / 0,5g. (ja)
Zitrone Saft 1/2 Stück / 15g. (ja)
Rosmarin 1 Zweig / 3g. (ja)
Paprika (Rosenpaprikapulver) alternativ zu Rosmarin / g. (ja)
Kuzu 1/2 TL / 2g. (ja)
Kartoffelmehl 1 EL / 8g. (ja)
Mandelmus 2 EL / 20g. (ja)
Sesamöl einige Tropfen / 1g. (ja)
Pfeffer weiss (gemahlen) 1 Prise / 0,2g. (ja)

Kochanleitung:
Das Wasser erhitzen und eine Prise Vollrohrzucker zugeben. Kleingeschnittenen Lauch mit einer Prise Salz zufügen und köcheln, bis der Lauch halb gar ist. Mit Zitronensaft, frischem Rosmarin oder Rosenpaprika abschmecken. Kartoffelmehl separat in kaltem Wasser auflösen und die Suppe damit eindicken. Mandelmus, einige Tropfen geröstetes Sesamöl und Pfeffer zufügen und köcheln, bis der Lauch gar ist. Variante (TCM):Champignons mitkochen. Sie bauen Säfte auf und mildern die yangisierende Wirkung des Lauchs.

3.54 Linsen-Reis-Eintopf

Ist sehr nahrhaft, stärkt Herz, Milz und Nieren, senkt Blutdruck, bakterizid, harntreibend, beruhigt den Magen, fördert Verdauung, stärkt Immunsystem. Gut bei Durchblutungsstörungen, Thrombose, Emboliegefahr, Bluthochdruck, Kopfschmerzen.

Anzahl Portionen: 3
Kalorien p. Portion 232
Gramm p. Portion 306,67
Kochdauer ca. 25 Min.
Allergene: LNO
(Kohlehydrat:79% / Eiweiß & Fett:21%)
100g.≈ Eiweiß 5,19g. Fett:5,04g.
µg. - Ph:3,63 Na:1,18 Ka:8,86 Mg:1,61 Ca:2,12 Fe:0,07 Zn:0,03 Col.:0,02 Hsr.:4,92

Zutaten:
Linsen (Helmbohnen) 100 g. / 100g. (empfehlenswert)
Wasser 5 Tassen / 500g. (ja)
Reis Sorte beliebig 1 Tasse / 120g. (ja)
Sesamöl 1 EL / 10g. (ja)
Karotte (Mohrrübe, Möhre) 2 Stück / 150g. (ja)
Sellerie Stangensellerie 2 Stangen / 20g. (ja)
Cumin (Kreuzkümmel) 1 Prise / 0,2g. (ja)
Salz 1 Prise / 0,5g. (ja)
Essig (Apfelessig) 1 Schuss / 2g. (ja)
Petersilie 2 EL / 18g. (ja)

Kochanleitung:
Linsen am Vortag einweichen. Sesamöl in einem Topf erhitzen. Karotte und Stangensellerie klein schneiden und darin anbraten. Reis, eine Prise Cumin und Linsen dazugeben und aufkochen. Wenn die Linsen weich sind, Salz zugeben, mit etwas Essig abschmecken und mit Petersilie garnieren. Variante: Im Sommer kann man das Cumin weglassen und frische grüne Erbsen oder Chinakohl verwenden.

3.55 Marinierter Kabeljau auf Kürbispüree

Lindert Entzündungen, verbessert Verdauung, stärkt Milz, Lunge, Magen und Nieren, löst Stagnation.

Anzahl Portionen: 4
Kalorien p. Portion 202
Gramm p. Portion 288,65
Kochdauer ca. 2 Stunden
Allergene: DG
(Kohlehydrat:49,4% / Eiweiß & Fett:50,6%)
100g.≈ Eiweiß 17,24g. Fett:5,13g.
µg. - Ph:21,61 Na:8,06 Ka:68,86 Mg:5,61 Ca:8,42 Fe:0,1 Zn:0,02 Col.:1,02 Hsr.:10,18

Zutaten:
Kartoffel 6 Stück / 400g. (ja)
Kürbis 200 g / 200g. (ja)
Zwiebel weiss 1 Stück / 50g. (ja)
Oregano getrocknet 1/2 TL / 1g. (ja)
Zitrone Saft 1/2 Stück / 15g. (ja)
Salz 1 Prise / 1g. (ja)
Pfeffer gemahlen 1 Prise / 0,3g. ()
Creme fraiche 2 EL / 30g. (wenig)
Joghurt (natur, 1,5 % Fett) 150 g. / 150g. (ja)
Oregano getrocknet 1/4 TL / 1g. (ja)
Basilikum (frisch) 1/2 TL / 2g. (ja)
Kabeljau 300 g. / 300g. (empfehlenswert)
Salz 1 Prise / 1g. (ja)
Pfeffer gemahlen 1 Prise / 0,3g. ()
Olivenöl 1 TL / 3g. (ja)

Kochanleitung:
Joghurt mit Oregano, Basilikum und Thymian vermischen. Fischfilets abwaschen, trockentupfen, in eine flache Form legen und mit der Marinade übergießen. 2 Std. im Kühlschrank durchziehen lassen. Kartoffeln in Salzwasser weich kochen und schälen. Gewürfelte Zwiebel in Öl glasig dünsten, den kleingewürfelten Kürbis zugeben und ca. 10 Min. braten. Oregano, Zitronensaft, Salz, Pfeffer und die Crème fraîche dazugeben und mit dem Mixstab pürieren. Fischfilets aus der Marinade nehmen, abtropfen lassen, trockentupfen und salzen. Eine beschichtete Grillpfanne mit 2 TL Öl bestreichen und die Fischfilets auf beiden Seiten je 3-4 Min. braten und mit den Kartoffeln auf dem Kürbispüree anrichten.

3.56 Minestrone

Harntreibend, fördert Verdauung, hilft Fett zu verdauen, senkt Blutdruck, bakterizid, stärkt Immunsystem.

Anzahl Portionen: 4
Kalorien p. Portion 210
Gramm p. Portion   310
Kochdauer ca.   30 Min.
Allergene: GL
(Kohlehydrat:68% / Eiweiß & Fett:32%)
100g.≈ Eiweiß 6,27g. Fett:7,36g.
µg. - Ph:2,48 Na:1,57 Ka:7,19 Mg:0,96 Ca:2,28 Fe:0,04 Zn:0,02 Col.:0,08 Hsr.:1,7

Zutaten:
Zwiebel Schalotte 2 Stück / 40g. (ja)
Sonnenblumenöl 1 TL / 10g. (wenig)
Wasser 1/2 Liter / 480g. (ja)
Karotte (Mohrrübe, Möhre) 2 Stück / 120g. (ja)
Wirsing/Grünkohl 1 Handvoll / 15g. (ja)
Bohnen (grün, frisch) 1 Handvoll / 20g. (empfehlenswert)
Sellerie Stangensellerie 3 Stück / 20g. (ja)
Erbse, grün 4 EL / 30g. (ja)
Zucchini 1 Stück / 200g. (ja)
Reis Sorte beliebig 1 Tasse / 120g. (ja)
Lorbeerblatt 3 Blatt / 1g. (ja)
Sonnenblumenöl 1 EL / 10g. (wenig)
Salz 1 Prise / 1g. (ja)
Tomate 3 Stück / 150g. (ja)
Thymian 1 Zweig / 3g. (ja)
Parmesan 2 EL / 18g. (wenig)
Basilikum 4 Blatt / 2g. (ja)

Kochanleitung:
Schalotten in Öl in einem Topf glasig braten und mit Wasser aufgießen.
Gemüse, Reis und Salz dazugeben und leise weiter köcheln. Wenn das
Gemüse bissfest ist, Tomaten, einen kleinen Thymianzweig, Basilikum
und Lorbeer dazugeben und noch kurz ziehen lassen. Mit Parmesan
servieren.

3.57 Mungbohnen-Eintopf

Lindert übermäßigen Durst, harntreibend, reduziert Blutfett, lindert
Allergien, stärkt Milz, Magen und Muskeln, senkt Cholesterinspiegel,
antiparasitär, regt Leberfunktion an, entgiftet.
Anzahl Portionen: 2
Kalorien p. Portion 665
Gramm p. Portion 353,25
Kochdauer ca. 2 Stunden
(Kohlehydrat:62,18% / Eiweiß & Fett:37,82%)
100g.≈ Eiweiß 35,03g. Fett:17,55g.
µg. - Ph:97,22 Na:5,17 Ka:54,65 Mg:61,21 Ca:35,64 Fe:0,37 Zn:0,07 Col.:0,01 Hsr.:52,82

Zutaten:
Mungbohne 1/4 Kg. / 300g. (ja)
Sonnenblumenöl 3 EL / 30g. (wenig)
Amaranth 1/2 TL / 2g. (empfehlenswert)
Fenchelsamen gemahlen 1/2 TL / 2g. (ja)
Cumin (Kreuzkümmel) 1/2 TL / 2g. (ja)

Koriander 1/2 TL / 2g. (ja)
Reis Rundkornreis 1/2 Tasse / 60g. (ja)
Wasser 3 Tassen / 300g. (ja)
Ingwer frisch 2 cm. / 3g. (ja)
Kombualge 3 cm. / 2g. (ja)
Salz 1 Prise / 0,5g. (ja)
Petersilie 1 EL / 3g. (ja)

Kochanleitung:
Mungbohnen über Nacht einweichen. Sonnenblumenöl im Topf
erhitzen. Amaranth, Fenchelsamen, Cumin und Koriander einrühren
und kurz anrösten. Basmatireis, etwas Ingwer und Mungbohnen
zugeben und kurz mitrösten. Wasser aufgießen und aufkochen lassen.
Ein Stück Kombu-Alge und Salz zugeben und 1-1,5 Std. köcheln .Mit
Petersilie oder Koriander garnieren.

3.58 Ofenkartoffeln mit Sellerie-Quark

Stärkt Milz, lindert Entzündungen, verbessert Verdauung, regeneriert
die Haut, harntreibend, senkt Cholesterinspiegel.
Anzahl Portionen: 2
Kalorien p. Portion 304
Gramm p. Portion 398
Kochdauer ca. 30 Min.
Allergene: GL
(Kohlehydrat:52% / Eiweiß & Fett:48%)
100g.≈ Eiweiß 15,61g. Fett:24,04g.
µg. - Ph:19,06 Na:6,87 Ka:59,91 Mg:7,16 Ca:24,85 Fe:0,1 Zn:0,08 Col.:1,01 Hsr.:3,76

Zutaten:
Sellerie Knolle 80 g. / 80g. (ja)
Grundrezept für eine Gemüsebrühe nahrhaft 100 ml. / 100g. (ja)
Kümmel gemahlen 1 Prise / 0,2g. (ja)
Zitrone Schale 1/2 TL / 1g. (ja)
Salz 1 Prise / 1g. (ja)
Pfeffer gemahlen 1 Prise / 0,2g. ()
Zitrone Saft 1 TL / 3g. (ja)
Topfen (Quark) 20% 200 g. / 200g. (ja)
Creme fraiche 1/2 EL / 5g. (wenig)
Kartoffel 6 Stück / 400g. (ja)
Olivenöl 2 TL / 5g. (ja)
Salz 1 Prise / 1g. (ja)

Kochanleitung:
Sellerie-Quark: Sellerie in Gemüsebrühe (nach Grundrezept) mit Kümmel und Zitronenschale zum Kochen bringen und zugedeckt ca. 8 Min. köcheln lassen, bis er weich und die Gemüsebrühe fast verdampft ist. Dann alles mit Zitronensaft mit dem Mixstab fein pürieren, mit dem Quark glatt rühren und mit Salz und Pfeffer abschmecken.
Ofenkartoffel: Den Ofen auf 200 Grad vorheizen. Kartoffeln gut abbürsten, längs halbieren und mit der Schnittfläche nach oben nebeneinander auf ein Backblech setzen. Schnittflächen leicht salzen, mit Öl beträufeln und im Ofen ca. 25 Min. backen. Sellerie-Quark zu den Kartoffeln reichen.

3.59 Petersilien-Cremesoße

Senkt Blutdruck, stärkt Immunsystem, stärkt Magen, löst Stagnation, verbessert Verdauung, senkt Cholesterinspiegel, regt Leberfunktion an, entgiftet.

Anzahl Portionen: 2
Kalorien p. Portion 118
Gramm p. Portion   234
Kochdauer ca.   25 Min.
Allergene: GL
(Kohlehydrat:81% / Eiweiß & Fett:19%)
100g.≈ Eiweiß 2,91g. Fett:5,51g.
µg. - Ph:9,31 Na:4,41 Ka:34,59 Mg:20,78 Ca:79,47 Fe:0,2 Zn:0,07 Col.:1,12 Hsr.:1,84

Zutaten:
Grundrezept für eine Gemüsebrühe nahrhaft 300 g. / 300g. (ja)
Kartoffel 100 g. / 100g. (ja)
Petersilie 1 Bund / 15g. (ja)
Muskatnuss 1 Prise / 0,5g. (ja)
Koriander 1/2 TL / 1g. (ja)
Sauerrahm 15% Fett 50 g. / 50g. (wenig)
Fenchelsamen gemahlen 1/2 TL / 1g. (ja)
Ingwer Pulver 1 Prise / 0,5g. (ja)

Kochanleitung:
Gemüsebrühe (nach Grundrezept) mit geschälten, gewürfelten Kartoffeln, der Hälfte der fein gehackten Petersilie und Muskat zum Kochen bringen. Zugedeckt köcheln lassen, bis die Kartoffeln weich sind. Mit dem Mixstab Gemüsebrühe, Kartoffeln, die restliche frisch gehackte Petersilie, Fenchel, Ingwer und Sauerrahm zu einer glatten Soße pürieren.

3.60 Pikante Avocadocreme mit Hüttenkäse

Hilft bei Entzündungen, Schwellungen, Schmerzen und Juckreiz. Stärkt Magen und Verdauungssystem, entgiftet, bakterizid.

Anzahl Portionen: 4
Kalorien p. Portion 613
Gramm p. Portion 271,25
Kochdauer ca. 15 Min.
Allergene: G
(Kohlehydrat:39% / Eiweiß & Fett:61%)
100g.≈ Eiweiß 11,04g. Fett:40,92g.
µg. - Ph:7,44 Na:14,84 Ka:19,28 Mg:1,27 Ca:2,23 Fe:0,03 Zn:0,03 Col.:0,06 Hsr.:1,09

Zutaten:
Avocado 2 Stück / 600g. (ja)
Pfeffer gemahlen 1 Prise / 0,5g. ()
Salz 1 Prise / 1g. (ja)
Zitrone Saft 1/2 Stück / 15g. (ja)
Paprika (Rosenpaprikapulver) 1 Prise / 1g. (ja)
Olivenöl 1 EL / 10g. (ja)
Chili (Schote oder gemahlen) 1 Prise / 0,5g. (ja)
Kräuter verschiedene 1 EL / 7g. (ja)
Hüttenkäse 1 Becher / 250g. (ja)
Brot mit Johannisbrotkernmehl 8 Scheiben / 200g. (ja)

Kochanleitung:
Avocadofleisch pürieren und mit reichlich gemahlenem Pfeffer, Zitronensaft, Rosenpaprika, einigen Tropfen Öl, Chili, frischen gehackten Kräutern und einer Prise Salz würzen. Hüttenkäse (etwa gleiche Menge wie Avocadocreme) vorsichtig untermengen. Passt zu: Kartoffeln und Hirse, mit denen die Avocadocreme in Kombination mit Gemüsegerichten, Hülsenfrüchten oder Blattsalaten eine delikate Mahlzeit ergibt. Eignet sich auch sehr gut als Vorspeise oder als Mitbringsel auf Partys und als Morgenmahlzeit im Sommer, zusammen mit einem milden Gericht aus Linsen oder Adzukibohnen und geraspeltem Rettich.

3.61 Pikante Tofu-Gemüse-Pfanne

Stärkt Magen, lindert Verstopfung, entgiftet, lindert Entzündungen, verbessert Durchblutung, fördert Schwitzen, löst Stagnation, lindert Blähungen, senkt Blutdruck, bakterizid, stärkt Immunsystem, beugt Krebs vor, reduziert Strahlenverletzungen.

Anzahl Portionen: 4
Kalorien p. Portion 241
Gramm p. Portion 329,38

Kochdauer ca.   25 Min.
Allergene: EN
(Kohlehydrat:67,31% / Eiweiß & Fett:32,69%)
100g.≈ Eiweiß 7,37g. Fett:7,33g.
µg. - Ph:15,05 Na:17,26 Ka:39,42 Mg:9,54 Ca:13,3 Fe:0,3 Zn:0,02 Col.:0,01 Hsr.:7,29

Zutaten:
Sesamöl 2 EL / 20g. (ja)
Karotte (Mohrrübe, Möhre) 2 Stück / 100g. (ja)
Fenchel 1 Stück / 250g. (ja)
Lauch (Porree) 1 Stück / 200g. (ja)
Salz 1 Prise / 1g. (ja)
Kurkuma (Gelbwurz) 1 Prise / 1g. (ja)
Zitrone Saft 1 Spritzer / 1g. (ja)
Soja Tofu 1 Paket / 120g. (ja)
Pfeffer gemahlen 1 Prise / 0,5g. ()
Sojasauce 1 Schuss / 3g. (ja)
Reis Vollkorn 1 Tasse / 120g. (ja)
Wasser 6 Tassen / 500g. (ja)
Salz 1 Prise / 1g. (ja)

Kochanleitung:
In einem heißen Wok oder einer heißen Pfanne Sesamöl erhitzen.
Kleingeschnittene Karotten, Fenchel und Lauchscheiben darin anbraten
und mit Salz, einem Spritzer Zitronensaft und Kurkuma würzen.
Tofuwürfel 1-2 Min. mitbraten. Pfeffer dazugeben und zugedeckt etwa 5
Min. schmoren lassen, dann mit Sojasoße beträufeln. Den Reis in
gesalzenem Wasser aufkochen lassen und bei kleiner Hitze ca. 15 Min.
quellen lassen.

3.62 Polenta mit Pfirsich

Lindert Müdigkeit, stärkt Magen, harntreibend, stärkt die Abwehr, gegen
Pilzinfektionen, lässt Gallensaft fließen, beugt Alterungsprozessen vor,
stärkt Gehirnzellen.
Anzahl Portionen: 3
Kalorien p. Portion 197
Gramm p. Portion   254,03
Kochdauer ca.   20 min
(Kohlehydrat:89,44% / Eiweiß & Fett:10,56%)
100g.≈ Eiweiß 4,48g. Fett:0,6g.
µg. - Ph:8,27 Na:0,36 Ka:35,48 Mg:2,78 Ca:3,07 Fe:0,14 Zn:0,02 Col.:0 Hsr.:4,67

Zutaten:
Wasser 2 Tassen / 240g. (ja)
Mais Gries (Polenta) 1 Tasse / 120g. (ja)
Pfirsich 2-3 Stück / 400g. (ja)
Vanilleschote 1 Prise / 1g. (ja)
Chili (Schote oder gemahlen) 1 Prise / 0,1g. (ja)
Zimtpulver 1 Prise / 1g. (ja)

Kochanleitung:
Die Polenta in einen Topf mit heißem Wasser unter ständigem Rühren einrieseln lassen, bis die gewünschte Konsistenz erreicht ist. Vom Herd nehmen und ca. 10 Min. ausquellen lassen. Frische Pfirsiche waschen, vierteln und in die fertige Polenta hineinschneiden. Vanille und nach Geschmack Chili unterrühren und 3 Min. ziehen lassen. Wintervariante: eingelegtes Obst, Birne, Apfel.

3.63 Polentaschnitte mit Ratatouille

Stärkt Magen und Milz, lässt Gallensaft fließen, harntreibend, fördert Verdauung, hilft Fett zu verdauen, senkt Blutdruck.

Anzahl Portionen: 4
Kalorien p. Portion 225
Gramm p. Portion 360,75
Kochdauer ca. 30 min
Allergene: G
(Kohlehydrat:66% / Eiweiß & Fett:34%)
100g.≈ Eiweiß 7,77g. Fett:7,86g.
µg. - Ph:2,23 Na:1,22 Ka:9,69 Mg:0,92 Ca:2,28 Fe:0,05 Zn:0,02 Col.:0,07 Hsr.:0,97

Zutaten:
Mais Gries (Polenta) 1 Tasse / 120g. (ja)
Wasser 2 Tassen / 240g. (ja)
Aubergine 1 Stück (große) / 200g. (ja)
Zucchini 2 Stück / 500g. (ja)
Zwiebel weiss 2 Stück / 120g. (ja)
Tomate 4 Stück (passiert) / 200g. (ja)
Olivenöl 2 EL / 20g. (ja)
Salz 1 Prise / 0,5g. (ja)
Petersilie 1 EL gehackte / 8g. (ja)
Thymian 1/2 TL / 1g. (ja)
Zwiebel Frühlingszwiebel 2 EL gehackte / 12g. (ja)
Basilikum 4 Blätter / 2g. (ja)
Parmesan 2 EL / 20g. (wenig)

Kochanleitung:
Wasser im Verhältnis 2:1 mit Salz und Öl zum Kochen bringen und
Polenta unter ständigem Rühren einrieseln lassen. Vom Herd nehmen
und 20 Min. quellen lassen. Inzwischen geschnittene Zwiebel in Topf
mit heißem Öl anbraten. Gewürfelte Zucchini, Tomaten und Aubergine
zugeben und ca. 20 Min. dünsten. Basilikum, Thymian und Salz
dazugeben. Blech mit Öl bestreichen, Polenta gleichmäßig auftragen
und warten, bis es fester wird. Die Ratatouille auf Polenta verteilen,
portionieren und für einige Minuten in den Backofen schieben, je nach
Geschmack mit geriebenem Parmesan. Mit frischer Petersilie und fein
geschnittenen Frühlingszwiebeln bestreuen. Der wertvolle Tipp: Die
Polentaschnitten sind ideal für unterwegs.

3.64 Putenrollen in Tomatenrahm

Verbessert Verdauung, senkt Cholesterinspiegel, stärkt Blut und
Knochenmark, baut Milz und Magen auf, kuriert Bluthochdruck, hilft Fett
zu verdauen, hilft gegen Blähungen und Übelkeit.
Anzahl Portionen: 2
Kalorien p. Portion 301
Gramm p. Portion 347
Kochdauer ca. 30 Min.
Allergene: G
(Kohlehydrat:28% / Eiweiß & Fett:72%)
100g.≈ Eiweiß 36,9g. Fett:8,02g.
µg. - Ph:27,65 Na:43,91 Ka:76,34 Mg:4,57 Ca:4,15 Fe:0,16 Zn:0,17 Col.:4,54 Hsr.:20,26

Zutaten:
Champignon 100 g. / 100g. (ja)
Pute Brustfleisch 200 g / 200g. (ja)
Pute Schinken 100 g. / 100g. (ja)
Olivenöl 2 TL / 6g. (ja)
Tomate 1 Stück / 60g. (ja)
Sahne, süß 30% 2 EL / 20g. (wenig)
Knoblauch 1 Stück / 2g. (ja)
Salz 1 Prise / 1g. (ja)
Pfeffer gemahlen 1 Prise / 0,5g. ()
Basilikum (frisch) 1 EL / 5g. (ja)
Kartoffel 200 g / 200g. (ja)

Kochanleitung:
Kartoffeln in Salzwasser kochen und schälen. Das Putenfleisch in
Schnitzel schneiden und Champignons gründlich putzen, abreiben und
blättrig schneiden. Die Pilze und den gekochten Schinken auf die
Putenschnitzel verteilen, Schnitzel aufrollen, mit einem Zahnstocher

feststecken und von allen Seiten etwa 8-10 Min. in Öl anbraten, evtl. etwas Flüssigkeit zugießen. Fleischtomate kurz in kochendes Wasser tauchen, enthäuten, halbieren, Kerne entfernen und das Fruchtfleisch würfeln. In die Pfanne geben und kurz mit andünsten. Sahne zu den Putenröllchen und Tomatenstückchen geben und kurz aufkochen lassen. Mit Knoblauch, Salz und Pfeffer abschmecken und die Putenröllchen mit der Soße und frisch gehacktem Basilikum servieren.

3.65 Reisbrei mit Hiobsträne (Samen) Yi Yi Ren

Stärkt Milz, Magen und Muskeln, harntreibend.

Anzahl Portionen: 2
Kalorien p. Portion 211
Gramm p. Portion 314
Kochdauer ca. 25 Min.
(Kohlehydrat:89% / Eiweiß & Fett:11%)
100g.≈ Eiweiß 4,56g. Fett:0,76g.
µg. - Ph:5,82 Na:0,48 Ka:6,23 Mg:3,33 Ca:1,69 Fe:0,04 Zn:0,04 Col.:0 Hsr.:6,28

Zutaten:
Wasser 4 Tassen / 450g. (ja)
Reis Sorte beliebig 1 Tasse / 120g. (ja)
Zitrone Schale 1/4 Stück / 2g. (ja)
Hiobsträne (Samen) YiYi Ren 1/2 Tasse / 50g. (ja)
Kresse 1 EL / 6g. (ja)

Kochanleitung:
Reisbrei nach Grundrezept kochen. Eine halbe Tasse Yi Yi Ren und Zitronenschale mitkochen, 1 Std. köcheln und zuletzt mit Kresse überstreuen.

3.66 Reis-Congee mit Trockenfrüchten

Gut bei Durchblutungsstörungen, Durchfall, Fieber, Bluthochdruck, Kopfschmerzen, Husten. Zur Entwässerung des Körpers bei Übergewicht und Bluthochdruck, harntreibend.

Anzahl Portionen: 2
Kalorien p. Portion 210
Gramm p. Portion 304
Kochdauer ca. 10 Min.
Allergene: GO
(Kohlehydrat:95% / Eiweiß & Fett:5%)
100g.≈ Eiweiß 4,06g. Fett:2,65g.
µg. - Ph:5,99 Na:0,45 Ka:35,04 Mg:63,94 Ca:61,81 Fe:0,14 Zn:0,06 Col.:0,49 Hsr.:3,72

Zutaten:
Grundrezept für eine Reissuppe (Congee) 4 Tassen / 500g. (ja)
Butter Bio 1/2 EL / 5g. (wenig)
Aprikose getrocknet 6 EL / 50g. (ja)
Wasser 1/2 Tasse / 50g. (ja)
Ahornsirup 1 Schuss / 3g. (ja)

Kochanleitung:
Reis-Congee nach Grundrezept kochen. Etwas Butter bei kleiner Flamme zerlassen und klein geschnittene Trockenfrüchte in ½ Tasse Wasser kurz dünsten. Die für die Mahlzeit gewünschte Menge an Reisbrei zugeben und erhitzen. Heiß servieren und bei Bedarf mit Ahornsirup nachsüßen. Variante: zusätzlich frisches Obst mit andünsten

3.67 Rhabarber-Apfel-Grütze

Liefert Antioxidantien und viel Vitamin C. Führt ab, kühlt Hitze, lindert Schmerzen, entgiftet, bakterizid, erwärmt Magen und Milz, fördert Durchblutung.

Anzahl Portionen: 2
Kalorien p. Portion 180
Gramm p. Portion 276,5
Kochdauer ca. 15 Min.
Allergene:
(Kohlehydrat:95,59% / Eiweiß & Fett:4,41%)
100g.≈ Eiweiß 1,2g. Fett:0,58g.
µg. - Ph:14,75 Na:1,5 Ka:93,5 Mg:7,43 Ca:12,73 Fe:0,29 Zn:0,07 Col.:0 Hsr.:6,21

Zutaten:
Rhabarber 200 g / 200g. (ja)
Apfelsaft (Naturtrüb) 300 ml. / 300g. (ja)
Maisstärke 30 g. / 30g. (ja)
Honig 20 g. / 20g. (ja)
Vanillezucker natur 1 Prise / 0,5g. (ja)
Zimtpulver 1 Prise / 0,5g. (ja)
Pfefferminze 2 Blätter / 2g. (ja)

Kochanleitung:
Die Maisstärke mit ½ Tasse Apfelsaft glattrühren. Den Rhabarber mit einer Tasse Wasser 10 Min. dünsten, den restlichen Apfelsaft zufügen, mit der angerührten Stärke abbinden und nochmals aufkochen. Mit dem Honig süßen und mit Vanille und Zimt würzen. Die Grütze auf Dessertschälchen verteilen und mit Minze garnieren.

3.68 Rhabarberkuchen mit Streuseln

Führt ab, senkt Fieber, schont die Verdauungsorgane, entgiftet, wirkt bei Appetitlosigkeit, Blähungen, Darmentzündung. Lindert Schmerzen, bakterizid, hilft bei brüchigen Nägeln und Haaren, bei trockener Haut, Akne und Ekzemen.

Anzahl Portionen: 8
Kalorien p. Portion 476
Gramm p. Portion 239,5
Kochdauer ca. 1 1/2 Stunden
Allergene: AG
(Kohlehydrat:71,96% / Eiweiß & Fett:28,04%)
100g.≈ Eiweiß 12,4g. Fett:15,41g.
µg. - Ph:14,75 Na:1,3 Ka:29,73 Mg:3,75 Ca:5,17 Fe:0,2 Zn:0,02 Col.:0,01 Hsr.:12,08

Zutaten:
Weizen Mehl 400 g. / 400g. (ja)
Kuhmilch (Vollmilch 3,5 % Fett) 250 ml. / 200g. (wenig)
Hefe 30 g. / 30g. (ja)
Honig 2 TL / 5g. (ja)
Sonnenblumenöl 2 TL / 5g. (wenig)
Zitrone Schale 1 Stück / 3g. (ja)
Salz 1 Prise / 1g. (ja)
Rhabarber 1 Kg / 800g. (ja)
Margarine 120 g. / 120g. (ja)
Weizen Mehl 300 g. / 300g. (ja)
Vanillezucker natur 2 Prisen / 1g. (ja)
Zimtpulver 2 Prisen / 1g. (ja)
Honig 5 EL / 50g. (ja)

Kochanleitung:
Mehl, abgeriebene Zitronenschale und Salz mischen. Milch leicht erwärmen und mit Hefe und Honig verrühren. Mehlgemisch und Öl zugeben und kräftig durchkneten. Den Teig zugedeckt an einem warmen Ort gehen lassen, bis er die doppelte Menge erreicht hat (ca. 30 Min.). Für die Streusel Mehl mit Vanille und Zimt mischen, danach Honig und Margarine zufügen und zu einer krümeligen Masse verarbeiten. Streuselteig noch kühl stellen. Ein Backblech mit Backpapier auslegen. Den Teig für den Boden noch einmal durchkneten, ausrollen, auf das Backblech legen und noch einmal 10 Min. gehen lassen. Den Rhabarber waschen, putzen, längs halbieren und in ca. 3 cm große Stücke schneiden. Die Stücke gleichmäßig auf dem ausgerollten Teig verteilen und die Streusel über den gesamten Kuchen krümeln. Den Kuchen in dem auf 175 Grad vorgeheizten Backofen ca. 40 Min. backen.

3.69 Rindfleisch-Kürbis-Gemüse-Eintopf

Lindert Entzündungen, verbessert Verdauung, reduziert Blutzucker, stärkt Muskeln, Sehnen und Knochen, hilft Fett zu verdauen.

Anzahl Portionen: 4
Kalorien p. Portion 368
Gramm p. Portion 403,88
Kochdauer ca.　　　1 Stunde
Allergene:　　　　AL
(Kohlehydrat:47,68% / Eiweiß & Fett:52,32%)
100g.≈ Eiweiß 30,33g. Fett:11,31g.
µg. - Ph:18,15 Na:12,9 Ka:63,49 Mg:6,73 Ca:14,8 Fe:0,3 Zn:0,08 Col.:1 Hsr.:11,31

Zutaten:
Rind Fleisch 350 g. / 350g. (ja)
Kürbis 350 g. / 350g. (ja)
Lauch (Porree) 150 g. / 150g. (ja)
Kartoffel 350 g. / 350g. (ja)
Tomate 150 g. / 150g. (ja)
Olivenöl 2 EL / 25g. (ja)
Grundrezept für eine Gemüsebrühe nahrhaft 125 g. / 125g. (ja)
Salz 1 Prise / 1g. (ja)
Pfeffer gemahlen 1 Prise / 0,5g. ()
Paprika (Rosenpaprikapulver) 1 TL / 2g. (ja)
Kümmel gemahlen 1 Prise / 1g. (ja)
Zucker Ursüße (Zuckerrohr) süß 1 Prise / 1g. (wenig)
Petersilie 1/2 Bund / 30g. (ja)
Weißbrot (Weizenbrot) 4 Scheiben / 80g. (wenig)

Kochanleitung:
Rindfleisch in Würfel schneiden. Kürbis schälen und würfeln. Lauch in Ringe schneiden und geschälte Kartoffeln würfeln. Die Tomaten mit kochendem Wasser überbrühen, Haut abziehen und würfeln. Fleisch in Olivenöl anbraten und mit Gemüsebrühe auffüllen. Das geputzte Gemüse dazugeben und mit Salz, Pfeffer, Paprika, Kümmel und Fruchtzucker abschmecken. 30 Min. bei schwacher Hitze schmoren. Noch einmal würzen und mit Petersilie bestreut mit Weißbrot servieren.

3.70 Rindfleischsalat

Stärkt Milz, Magen, Blut, Muskeln, Sehnen und Knochen, kühlt und befeuchtet, harntreibend, entgiftend, unterdrückt Umwandlung von Zucker in Fett, senkt Cholesterinspiegel, löst Stagnation.

Anzahl Portionen: 1
Kalorien p. Portion 249
Gramm p. Portion   197
Kochdauer ca.   10 Min.
Allergene: O
(Kohlehydrat:54% / Eiweiß & Fett:46%)
100g.≈ Eiweiß 15,71g. Fett:7,9g.
µg. - Ph:151,93 Na:219,82 Ka:142,62 Mg:14,06 Ca:28,43 Fe:1,3 Zn:1,53 Col.:18,53 Hsr.:43,25

Zutaten:
Rind Fleisch 50 g. / 50g. (ja)
Zwiebel weiss 20 g. / 20g. (ja)
Paprika 30 g. / 30g. (ja)
Gurke (Gewürzgurke) 30 g. / 30g. (ja)
Essig (Apfelessig) 2 TL / 5g. (ja)
Rapsöl 2 TL / 5g. (ja)
Salz 1 Prise / 0,5g. (ja)
Pfeffer gemahlen 1 Prise / 0,1g. ()
Lauchzwiebel Schnittlauch 1 EL / 7g. (ja)
Brot mit Johannisbrotkernmehl 2 Scheiben / 50g. (ja)

Kochanleitung:
Das Fleisch mit dem Grundrezept einer Rinderbrühe kochen, auskühlen lassen und in ca. 1 cm große Scheiben schneiden. Zwiebeln in Ringe, Paprikaschote und Gewürzgurke in kleine Würfel schneiden und alle Zutaten mischen. Salatmarinade aus Essig, Öl und Salz herstellen und darüber verteilen, abschmecken und durchziehen lassen.

3.71 Rosmarinkartoffeln

Kartoffel stärkt die Milz, lindert Entzündungen, verbessert die Verdauung, regeneriert die Haut, ist harntreibend, senkt Cholesterinspiegel. Rosmarin fördert Verdauung, stärkt Lunge, Milz und Nieren.

Anzahl Portionen: 2
Kalorien p. Portion 189
Gramm p. Portion   216,5
Kochdauer ca.   30 Min.
(Kohlehydrat:76,49% / Eiweiß & Fett:23,51%)
100g.≈ Eiweiß 4,21g. Fett:5,25g.
µg. - Ph:23,02 Na:1,45 Ka:165,76 Mg:9,44 Ca:3,73 Fe:0,2 Zn:0,07 Col.:0,01 Hsr.:7,27

Zutaten:
Kartoffel 6-8 Stück / 420g. (ja)
Salz Kräutersalz 1 Prise / 1g. (ja)
Olivenöl 1 EL / 10g. (ja)
Rosmarin 1 TL / 2g. (ja)

Kochanleitung:
Kartoffeln der Länge nach halbieren, mit etwas Olivenöl bestreichen, salzen, 2-3 Rosmarinnadeln auf jede halbe Kartoffel streuen, auf Backblech setzen und im vorgeheizten Backofen ca. 25 Min. bei 190 Grad backen.

3.72 Rucolasalat mit Tomaten

Fördert Verdauung, wirkt harntreibend und antioxidativ, senkt Blutdruck, stärkt Muskeln, hilft bei Gastritis, Verstimmungen des Magens, Verstopfung, Blähungen und Sodbrennen.

Anzahl Portionen: 1
Kalorien p. Portion 129
Gramm p. Portion 241
Kochdauer ca. 10 Min.
Allergene: O
(Kohlehydrat:42% / Eiweiß & Fett:58%)
100g.≈ Eiweiß 2,02g. Fett:10,36g.
µg. - Ph:25,81 Na:8,73 Ka:233,45 Mg:12,42 Ca:14,87 Fe:0,55 Zn:0,17 Col.:0,04
Hsr.:10,79

Zutaten:
Olivenöl 1 EL / 10g. (ja)
Pfeffer gemahlen 1 Prise / 0,2g. ()
Salz 1 Prise / 0,3g. (ja)
Essig (Apfelessig) 1 Schuss / 1g. (ja)
Tomate 4 Stück / 200g. (ja)
Rucola Rauke 2 Handvoll / 30g. ()

Kochanleitung:
In einer Salatschüssel Olivenöl, frisch gemahlenen Pfeffer, Salz, Essig und in kleine Würfel geschnittene Tomaten verrühren. Reichlich fein zerrupfte Rucolablätter untermengen. Varianten: Walnüsse untermengen. Shiitakepilze in feine Streifen schneiden. Eine Hälfte in etwas Butter braten und zusammen mit der anderen Hälfte roher Shiitake unter den Salat mengen. Anstelle von Shiitake können Champignons verwendet werden. Dazu passt: getoastetes Brot, Polenta.

3.73 Russische Kasha mit Weißkohl

Fördert Verdauung, lindert Schmerzen, entgiftet, fördert Appetit, löst Stagnation, regt Blutproduktion und Stoffwechsel an, baut Fett ab.

Anzahl Portionen: 2
Kalorien p. Portion 251
Gramm p. Portion 203,5
Kochdauer ca. 30 Min.
Allergene: AG
(Kohlehydrat:81,18% / Eiweiß & Fett:18,82%)
100g.≈ Eiweiß 8,19g. Fett:2,72g.
µg. - Ph:44,68 Na:1,88 Ka:72,81 Mg:16,01 Ca:11,92 Fe:0,6 Zn:0,22 Col.:0,44 Hsr.:24,96

Zutaten:
Buchweizen Vollkorn 1 Tasse / 130g. (ja)
Wasser 2 Tassen / 240g. (ja)
Muskatnuss 1 Prise / 1g. (ja)
Salz 1 Prise / 1g. (ja)
Petersilie 1 EL / 10g. (ja)
Kümmel 1 Prise / 2g. (ja)
Butter Bio 1 TL / 3g. (wenig)
Weißkohl/Weißkraut 1 Handvoll / 20g. (ja)

Kochanleitung:
Buchweizen trocken goldgelb rösten. Kochendes Wasser zugießen, kurz aufkochen und dann quellen lassen, bis er weich ist. Weißkohl fein raspeln und unterheben. Mit Muskat und Salz würzen. Am Schluss etwas Petersilie, Kümmel und Butter hinzufügen.

3.74 Schwarzaugenbohnen-Eintopf

Stärkt Milz, Magen und Muskeln, harntreibend, senkt Cholesterinspiegel, beugt Arteriosklerose vor.

Anzahl Portionen: 5
Kalorien p. Portion 140
Gramm p. Portion 260
Kochdauer ca. 20 Min.
(Kohlehydrat:82% / Eiweiß & Fett:18%)
100g.≈ Eiweiß 7,74g. Fett:0,88g.
µg. - Ph:1,8 Na:0,35 Ka:2,57 Mg:0,84 Ca:0,47 Fe:0,02 Zn:0,01 Col.:0 Hsr.:1,18

Zutaten:
Schwarzaugenbohnen 1 Tasse / 100g. (ja)
Reis Sorte beliebig 2 Tassen / 200g. (ja)
Wasser 10 Tassen / 1000g. (ja)

Kochanleitung:
Bohnen über Nacht einweichen und abseihen. In einem Verhältnis von
1:2 die Bohnen mit dem Reis zusammen weich köcheln. Je nachdem,
wie heiß die Flamme ist und wie flüssig das Gericht sein soll, muss
mehr Wasser hinzugefügt werden. Variante: In Öl angebratenes
Gemüse wie Karotten, Knollensellerie, Zwiebeln oder Lauch
dazugeben.

3.75 Spargel an Zitronenpesto

Harntreibend, fördert Durchblutung, beugt Krebs vor, stärkt Magen,
fördert Gewichtsabnahme. Hilft bei: Abwehrschwäche, Appetitlosigkeit,
Arteriosklerose, Blähungen, Blasenschwäche, Blutarmut,
Bluthochdruck, Depressionen, Diabetes, Durchfall, Erbrechen.
Anzahl Portionen: 2
Kalorien p. Portion 172
Gramm p. Portion   308,2
Kochdauer ca.   20 Min.
Allergene: H
(Kohlehydrat:30,25% / Eiweiß & Fett:69,75%)
100g.≈ Eiweiß 5,19g. Fett:12,46g.
µg. - Ph:20,3 Na:1,52 Ka:51,43 Mg:6,7 Ca:12,29 Fe:0,25 Zn:0,07 Col.:0,01 Hsr.:10,99

Zutaten:
Spargel (grün oder weiß) 500 g. / 500g. (ja)
Zitrone 1 Stück / 35g. (ja)
Wasser heiss 1/2 Tasse / 50g. (ja)
Boxhornkleesamen 1 Prise / 0,2g. (ja)
Olivenöl 2 EL / 20g. (ja)
Mandeln 1 EL / 8g. (ja)
Zucker Ursüße (Zuckerrohr) süß 1 Prise / 0,5g. (wenig)
Knoblauch 1 Zehe / 2g. (ja)
Pfeffer gemahlen 1 Prise / 0,2g. ()
Salz 1 Prise / 0,5g. (ja)

Kochanleitung:
Spargel waschen und schälen (die weißen ganz, die grünen nur am
unteren Ende) und schräg in etwa 3 cm lange Stücke schneiden. Im
Dampfsieb die weißen ca. 12 Min., die grünen ca. 10 Min. garen. Für
das Pesto, die Zitrone in kleine Stücke schneiden, Kerne entfernen. Die
restlichen Zutaten beigeben und zu einer sämigen Soße pürieren. Den
Spargel anrichten und mit dem Zitronenpesto überziehen. Dazu passt
Reis, Bulgur oder Hirse.

3.76 Tee aus Grüntee

Fördert Verdauung, harntreibend, löst Schleim, entgiftet, regt Nerven an, reduziert Blutfett, senkt Cholesterinspiegel, lindert Entzündungen.
Anzahl Portionen: 1
Kalorien p. Portion 3
Gramm p. Portion   122
Kochdauer ca.   10 Min.
(Kohlehydrat:20% / Eiweiß & Fett:80%)
100g.≈ Eiweiß 0,01g. Fett:0g.
µg. - Ph:5,61 Na:1,07 Ka:27,59 Mg:4,07 Ca:9,43 Fe:0,04 Zn:0,1 Col.:0 Hsr.:0

Zutaten:
Grüner Tee 1 TL / 2g. (ja)
Wasser 1 Tasse / 120g. (ja)

Kochanleitung:
Pro Tasse verwendet man einen Teelöffel voll oder einen Teebeutel. Grüntee nur mit 60-80 Grad heißem Wasser aufbrühen, da er sonst bitter wird. Soll der Tee eine anregende Wirkung haben, lässt man ihn 2-3 Min. ziehen. Eher beruhigend wirkt er bei einer Ziehdauer von 5 Min. (nicht länger, sonst wird er bitter!). Eine andere Methode: Man übergießt die Teeblätter mit ca. 70 Grad heißem Wasser und gießt es sofort wieder ab. Dann einfach noch mal heißes Wasser nachgießen. Die Bitterstoffe verschwinden und der Tee bekommt ein milderes Aroma.

3.77 Tee aus Melisse

Beruhigende Wirkung bei: Einschlafstörungen, innerer Unruhe, psychischen Spannungen, Magenbeschwerden, Allergien, Asthma, Migräne und Blähungen. Zur Kräftigung nach Erkältungs- und Infektionskrankheiten. Gut gegen Kopfschmerzen und Rheuma.
Anzahl Portionen: 4
Kalorien p. Portion 0
Gramm p. Portion   126
Kochdauer ca.   10 Min.
(Kohlehydrat:0% / Eiweiß & Fett:0%)
100g.≈ Eiweiß 0g. Fett:0g.
µg. - Ph:0 Na:0,06 Ka:0 Mg:0,06 Ca:0,31 Fe:0 Zn:0,01 Col.:0 Hsr.:0

Zutaten:
Melisse 2 TL / 4g. (ja)
Wasser 1/2 Liter / 500g. (ja)

Kochanleitung:
Wasser zum Kochen bringen und beiseite stellen. Melisse zugeben und 10 Min. ziehen lassen. Nach Geschmack mit Honig süßen.

3.78 Tee aus Schwarztee (Russischer Tee)

Schwarztee fördert Durchblutung.
Anzahl Portionen: 1
Kalorien p. Portion 8
Gramm p. Portion   125
Kochdauer ca.   10 Min.
(Kohlehydrat:2,52% / Eiweiß & Fett:97,48%)
100g.≈ Eiweiß 1,28g. Fett:0,26g.
µg. - Ph:11,92 Na:1,2 Ka:72,32 Mg:7,96 Ca:16,52 Fe:0,08 Zn:0,11 Col.:0 Hsr.:13,12

Zutaten:
Schwarztee 1 EL / 5g. (ja)
Wasser 1 Tasse / 120g. (ja)

Kochanleitung:
Pro Tasse verwendet man einen Teelöffel voll oder einen Teebeutel. Den Tee nur mit 60 bis 80 Grad heißem Wasser übergießen, da er sonst bitter wird. Soll der Tee eine anregende Wirkung haben, lässt man ihn 2 bis 3 Min. ziehen. Eher beruhigend wirkt er bei einer Ziehdauer von 5 Min. (nicht länger, sonst wird er bitter!). Eine andere Methode: Man übergießt die Teeblätter mit ca. 70 Grad heißem Wasser und gießt das Wasser sofort wieder ab. Dann einfach noch mal heißes Wasser nachgießen. Die Bitterstoffe verschwinden und der Tee bekommt ein milderes Aroma.

3.79 Tofu-Schwarzbohnen-Chili mit Reis

Harntreibend, senkt den Cholesterinspiegel, beugt Arteriosklerose vor. Zur Entwässerung des Körpers bei Übergewicht und Bluthochdruck, stärkt Immunsystem.
Anzahl Portionen: 4
Kalorien p. Portion 343
Gramm p. Portion   427,75
Kochdauer ca.   45 Min.
Allergene: AEL
(Kohlehydrat:65% / Eiweiß & Fett:35%)
100g.≈ Eiweiß 36,36g. Fett:19,24g.
µg. - Ph:8,2 Na:2,23 Ka:11,79 Mg:4,98 Ca:6,05 Fe:0,14 Zn:0,03 Col.:0,02 Hsr.:3,18

Zutaten:

Rapsöl 60 ml. / 60g. (ja)
Zwiebel weiss 2 Stück / 120g. (ja)
Paprika 1 Stück / 20g. (ja)
Chili (Schote oder gemahlen) 1/2 EL / 3g. (ja)
Pfeffer Cayenne 1 Prise / 0,5g. (ja)
Koriander 1 TL / 2g. (ja)
Thymian 1 TL / 2g. (ja)
Nelke 1 TL / 2g. (ja)
Dinkel Vollkornmehl 2 EL / 16g. (ja)
Sherry 1 EL / 8g. (wenig)
Soja Tofu 250 g. / 250g. (ja)
Schwarze Bohnen 2 Dosen (400g) / 400g. (ja)
Grundrezept für eine Hühnerbrühe wärmend 350 ml. / 300g. (ja)
Lorbeerblatt 1 Stück / 0,2g. (ja)
Knoblauch 6 Stück / 8g. (ja)
Wasser 6 Tassen / 400g. (ja)
Reis Basmatireis 1 Tasse / 120g. (ja)

Kochanleitung:

Das Öl in einem großen Topf bei mittlerer Temperatur erhitzen. Zwiebeln, Paprika und Chilipulver darin 2 Min. anbraten, bis die Zwiebeln glasig sind. Die übrigen Gewürze zufügen und unter ständigem Rühren mitrösten, bis das Aroma aufsteigt. Das Mehl darüber stäuben, 2 Min. weiter braten und darauf achten, dass die Pasten artige Gewürzmischung nicht anbrennt. Mit Sherry ablöschen, die schwarzen Bohnen (Dose) hineingeben und mit den Gewürzen verrühren. Mit der Hühnerbrühe aufgießen, das Lorbeerblatt zufügen und den gehackten Knoblauch unterrühren. Bohnen 30 Min. köcheln lassen und bei Bedarf noch etwas Hühnerbrühe aufgießen. Während der letzten 10 Min. die Tofuwürfel mitgaren. Der Tofu kann leicht zerfallen und sollte deshalb sehr behutsam mit einem Holzlöffel untergehoben werden. Zum Schluss das Lorbeerblatt herausfischen und das Chili mit Reis servieren.

3.80 Tomatensuppe

Fördert Verdauung, hilft Fett zu verdauen, senkt Blutdruck, löst Stagnation, antioxidativ, harntreibend.

Anzahl Portionen: 2
Kalorien p. Portion   100
Gramm p. Portion   290
Kochdauer ca.   10 min.
(Kohlehydrat:42% / Eiweiß & Fett:58%)

100g.≈ Eiweiß 1,78g. Fett:7,9g.
µg. - Ph:4,2 Na:1,2 Ka:31,36 Mg:1,99 Ca:3,85 Fe:0,07 Zn:0,04 Col.:0,01 Hsr.:1,47

Zutaten:
Olivenöl 1 EL / 15g. (ja)
Zwiebel weiss 1 Stück / 60g. (ja)
Zimtpulver 1 Prise / 1g. (ja)
Basilikum (frisch) 1 TL / 2g. (ja)
Pfeffer gemahlen 1 Prise / 0,5g. ()
Salz 1 Prise / 1g. (ja)
Tomate 5 Stück / 250g. (ja)
Paprika (Rosenpaprikapulver) 1 Prise / 1g. (ja)
Wasser 250 g. / 250g. (ja)

Kochanleitung:
Die kleingeschnittene Zwiebel im Olivenöl in einem Topf anrösten, Salz
und Gewürze zufügen und kurz mitrösten. Gewaschene und geviertelte
Tomaten zugeben und kurz anbraten. 250 ml Wasser heißes Wasser
zufügen, 15 Min. kochen lassen und dann pürieren.

3.81 Tsampa mit Marmelade oder Obstkompott

Stärkt Milz und Magen, kühlt Blase, harntreibend, befeuchtet den Darm
und die Haut, entspannt. Stoppt Durchfall, fördert Verdauung, regt
Appetit an.
Anzahl Portionen: 1
Kalorien p. Portion 280
Gramm p. Portion   243
Kochdauer ca.   5 min.
Allergene: AGO
(Kohlehydrat:73% / Eiweiß & Fett:27%)
100g.≈ Eiweiß 6,45g. Fett:9,58g.
µg. - Ph:63,69 Na:2,33 Ka:134,84 Mg:34,23 Ca:13,15 Fe:0,63 Zn:1,98 Col.:1,98 Hsr.:30,8

Zutaten:
Tsampa (geröstetes Gerstenmehl) 3 EL / 30g. (ja)
Wasser 6-8 EL / 70g. (ja)
Butter Bio 1/2 TL / 2g. (wenig)
Erdbeermarmelade 1 EL / 7g. (ja)
Sonnenblumenkerne 2 TL / 14g. (ja)
Apfel (süß) 1 Stück gerieben / 120g. (ja)

Kochanleitung:

Tsampa mit kochendem Wasser übergießen und mit einem Löffel umrühren, bis ein Brei entsteht. Butter, Marmelade, Sonnenblumenkerne und geriebenen Apfel dazugeben. Süßen nach Geschmack mit Honig, Vollrohrzucker oder Gerstenmalz. Gewürze und Kräuter: frische Minze, Vanille oder Kakao, Anis, Zimt. Sommer: Marmelade oder Kompott nach Wahl. Winter: Nüsse und Apfel oder Birne.

3.82 Ungarischer Reissalat

Fördert Verdauung, hilft Fett zu verdauen, harntreibend, senkt Blutdruck, stärkt Nieren und Blase, erwärmt den Körper von innen, erweitert die Gefäße, stärkt die Muskeln.

Anzahl Portionen: 2
Kalorien p. Portion 421
Gramm p. Portion 323,75
Kochdauer ca. 25 Min.
Allergene: GM
(Kohlehydrat:54,13% / Eiweiß & Fett:45,87%)
100g.≈ Eiweiß 8,23g. Fett:14,84g.
µg. - Ph:37,91 Na:20,49 Ka:52,31 Mg:11,09 Ca:28,82 Fe:0,24 Zn:0,12 Col.:0,77 Hsr.:9,26

Zutaten:

Reis Vollkorn 1/2 Tasse / 60g. (ja)
Wasser 3 Tassen / 300g. (ja)
Salz 1 Prise / 0,3g. (ja)
Tomate 100 g. / 100g. (ja)
Paprika 50 g. / 50g. (ja)
Champignon 30 g. / 30g. (ja)
Edamer 30 g. / 30g. (ja)
Joghurt (natur, 1,5 % Fett) 45 g. / 45g. (ja)
Salz 1 Prise / 1g. (ja)
Kräuter verschiedene 1 EL / 8g. (ja)
Rapsöl 2 EL / 20g. (ja)
Senf 1 TL / 3g. (ja)
Pfeffer gemahlen 1 Prise / 0,2g. ()

Kochanleitung:

Reis in reichlich kochendem Salzwasser körnig weich kochen und abtropfen lassen. Tomaten und Paprikaschote waschen und entkernen. Beide klein würfeln. Champignons (aus der Dose oder in Rapsöl kurz anrösten) und Käse in kleine Würfel schneiden und zum Reis geben. Marinade herstellen und mit den Zutaten vermischen. Kühl stellen und mindestens 1 Std. durchziehen lassen.

3.83 Wärmende Karottensuppe

Stärkt und wärmt, senkt Blutdruck, bakterizid, stärkt Immunsystem, beugt Krebs vor, reduziert Strahlenverletzungen, stärkt Magen-Darm-Funktion.

Anzahl Portionen: 3
Kalorien p. Portion 133
Gramm p. Portion 274,67
Kochdauer ca. 30 min
Allergene: HL
(Kohlehydrat:78,77% / Eiweiß & Fett:21,23%)
100g.≈ Eiweiß 2,17g. Fett:7,87g.
µg. - Ph:8,57 Na:6,92 Ka:27,55 Mg:25,11 Ca:97,93 Fe:0,4 Zn:0,03 Col.:0 Hsr.:2,99

Zutaten:
Karotte (Mohrrübe, Möhre) 4 Stück / 250g. (ja)
Walnussöl 2 EL / 20g. (ja)
Zwiebel Schalotte 2 Stück / 40g. (ja)
Anis (gemeiner Fenchel) 1/2 TL / 1g. (ja)
Muskatnuss 1 Prise / 1g. (ja)
Ingwer frisch 1/2 TL / 1g. (ja)
Salz 1 Prise / 1g. (ja)
Grundrezept für eine Gemüsebrühe nahrhaft 1/2 Liter / 500g. (ja)
Petersilie 1 EL / 10g. (ja)

Kochanleitung:
Walnussöl in einem Topf erhitzen und die kleingeschnittenen Zwiebeln darin anbraten. Karotten gewürfelt zufügen. Anis, Muskat, etwas Ingwer und Salz zugeben. Wasser oder Gemüse- bzw. Fleischbrühe zugeben. Alles weich kochen und dann pürieren. Am Ende Petersilie unterheben.
Empfehlung: Die Suppe eignet sich für die kalte Jahreszeit, vor allem, wenn man als Flüssigkeit zum Aufgießen Fleischbrühe verwendet.

3.84 Weizengrießbrei mit rosa Grapefruit

Leicht abführend, fördert Verdauung, schont die Verdauungsorgane, entgiftet, appetitanregend, lindert Blähungen und Darmentzündungen, erwärmt Magen und Milz.

Anzahl Portionen: 2
Kalorien p. Portion 399
Gramm p. Portion 382,15
Kochdauer ca. 10 Min.
Allergene: AG
(Kohlehydrat:80,03% / Eiweiß & Fett:19,97%)
100g.≈ Eiweiß 14,27g. Fett:4,62g.
µg. - Ph:37,26 Na:16,65 Ka:70,21 Mg:5,96 Ca:41,91 Fe:0,16 Zn:0,11 Col.:0,98 Hsr.:12,95

Zutaten:
Kuhmilch (1,5 % Fett) 1/2 Liter / 500g. (ja)
Weizen Gries 100 g. / 100g. (ja)
Zucker Ursüße (Zuckerrohr) süß 40 g. / 40g. (wenig)
Grapefruit/Pampelmuse/Pomelo 1/2 Stück / 120g. (ja)
Zucker Ursüße (Zuckerrohr) süß 2 TL / 4g. (wenig)
Zimtpulver 1 Prise / 0,3g. (ja)

Kochanleitung:
Die Milch im Topf erhitzen und den Grieß mit einem Schneebesen
einrühren. Zucker hinzufügen und auf kleiner Flamme rühren, bis der
Grieß die Flüssigkeit aufgenommen hat. Auf einen Teller geben und
kleingeschnittene Spalten der Grapefruit dazugeben. Den Brei mit
Zucker und Zimt bestreuen.

3.85 Zwetschgenkuchen

Entwässert den Körper, regt die Verdauung an, bindet Fette im Darm,
lindert Schmerzen, entgiftet, bakterizid, beugt Krebs vor. Gut bei
Appetitlosigkeit, Blähungen, Darmentzündung, Fettsucht, Gicht,
Magengeschwür, Magenkrampf, Rheuma, Sodbrennen.

Anzahl Portionen: 6
Kalorien p. Portion 503
Gramm p. Portion 307,83
Kochdauer ca. 1 Stunde
Allergene: AG
(Kohlehydrat:71,38% / Eiweiß & Fett:28,62%)
100g.≈ Eiweiß 12,33g. Fett:19,28g.
µg. - Ph:15,91 Na:4,6 Ka:32,67 Mg:3 Ca:5,23 Fe:0,16 Zn:0,02 Col.:0,05 Hsr.:8,3

Zutaten:
Topfen (Quark) 20% 200 g / 200g. (ja)
Weizen Mehl 400 g. / 400g. (ja)
Kuhmilch (Vollmilch 3,5 % Fett) 6 EL / 70g. (wenig)
Rapsöl 6 EL / 70g. (ja)
Honig 8 EL / 100g. (ja)
Backpulver 1 Paket / 3g. (ja)
Salz 1 Prise / 1g. (ja)
Zimtpulver 1 TL / 3g. (ja)
Zwetschken 1 Kg / 1000g. (ja)

Kochanleitung:
Mehl, Quark, Milch, Öl, Honig, Salz und Backpulver zu einem glatten
Teig verrühren. Den Teig 15. Min. kühl stellen und quellen lassen. Auf
einem mit Backpapier ausgelegten Backblech den Teig auslegen, die

Pflaumen gleichmäßig darauf verteilen und mit dem Zimt bestreuen. Für ca. 40 Min. bei 190 Grad backen.

4 Wirkung der Lebensmittel

4.1 Zutaten verwenden: empfehlenswert

Acerola Fruchtnektar oder Pulver
Adzukibohnen
Amaranth
Amaranth POPS
Barsch
Blumenkohl (Karfiol)
Bohnen (grün, frisch)
Brokkoli
Dorsch
Fischstücke gemischt (Süßwasser)
Forelle
Frischkäse aus Soja
Gurke (bitter)
Hering
Kabeljau

Kohlrabi
Kohlrübe
Lachs
Linsen (Helmbohnen)
Linsen gelb
Linsen rot
Linsen schwarz
Mittelmeerfisch (Kabeljau, Scholle, Schellfisch, Seeaal, Makrele)
Müsli
Reis Wilder (Naturreis)
Rotbarsch
Scholle
Süßwasserfisch
Weizenkleie

4.2 Zutaten verwenden: ja

Agar-Agar, Agartang
Agavendicksaft
Ahornsirup
Aloesaft
Ananas
Ananas (aus der Dose)
Ananassaft ungezuckert
Andornkraut
Angelikawurzel
Anis (gemeiner Fenchel)
Apfel (sauer)
Apfel (süß)
Apfelmus
Apfelsaft (Naturtrüb)
Aprikose
Aprikose getrocknet
Aprikosen Marmelade
Aprikosennektar
Artischocke
Aubergine
Austern
Austernpilze
Austernschalenpulver
Avocado
Backpulver
Baldrian
Bambussprossen

Banane
Banane Kochbanane
Banchatee
Bärentraubenblätter
Bärlauch (Knoblauchspinat)
Basilikum
Basilikum (frisch)
Bataviasalat
Beeren der Saison
Beerensaft
Benediktinerdistel
Berberitzenrindetee
Birne
Birnensaft
Bitter Lemon
Bitterklee
Bitterorangenschale
Blattsalate (bitter)
Blütenpollen
Bocksdornfrüchte (Fructus Lycii) getrocknet
Bockshornklee
Bohnenkraut
Bohnenöl
Borretsch
Borretschöl
Boxhornkleesamen

Bratöl
Brennnessel
Brie
Brombeerblätter
Brombeere
Brombeere getrocknet (unreife)
Brombeermarmelade
Brösel (Weizenbrot, Semmel)
Brot mit Johannisbrotkernmehl
Buchweizen
Buchweizen (geröstet) Kasha
Buchweizen Vollkorn
Bulgur (Getreide)
Buschbohnen
Butter (halbfett)
Butterbohnen weiße
Buttermilch
Calamari
Cashewnüsse
Champignon
Channa-Dal
Chenpi (chinesische Mandarinenschale)
Chicorée
Chili (Schote oder gemahlen)
Chinakohl
Chlorella (Süßwasser)
Chrysanthemenblütentee
Clementinen
Colagetränk
Colagetränk (kalorienarm)
Couscous
Cranberries
Cumin (Kreuzkümmel)
Curry
Currypaste rot
Dashi
Datteln getrocknet
Datteln rot
Dill
Dinkel
Dinkel Brot
Dinkel Flocken
Dinkel Gries
Dinkel Vollkornmehl
Distelöl
Dornhai (Seeaal, Schillerlocken)
Dulse (Lappentang)
Edamer
Eibennuss
Eibisch (Hibiscus)
Eisbergsalat
Endiviensalat
Enzianwurzel

Erbse, grün
Erbsen
Erdbeere
Erdbeermarmelade
Erdbeersaftgetränk
Erdnüsse
Erdnussöl
Essig (Apfelessig)
Essig (Rotweinessig)
Essig Aceto Balsamico
Essig Aceto Balsamico weiss
Essiggurke
Estragon
Färberdiestel (Hong Hua)
Färberginsterkraut
Feige
Feige getrocknet
Feldsalat
Fenchel
Fenchelsamen gemahlen
Fencheltee
Fernet Branca (Kräuterbitterlikör)
Feta
Fisch Innereien
Fischreste
Fischsouce
Flaschenkürbis
Flohsamen
Flunder
Forelle (geräuchert)
Frischkäse
Frischkäse mit Kräuter
Früchtetee
Fruchtzucker (Fruktose, Traubenzucker)
Gagelpflaume
Galgant
Gänseblümchen
Gänseblut
Garam Masala Pulver
Garnele
Gelatine weiss
Gelee Royal
Gemüsesaft
Gerste
Gerste (Nacktgerste)
Gerste (Perlgerste)
Gerstengras Pulver
Gerstengraupen
Gerstengrütze
Gerstenmalz
Gerstenmehl
Getreidekaffee
Gewürznelke

Ginkgofrucht
Ginsengwurzel
Glühweingewürzmischung
Gouda
Granatapfel
Grapefruit getrocknete Schale
Grapefruit/Pampelmuse/Pomelo
Grapefruitsaft
Graskarpfen
Grüner Tee
Grünkern
Guave
Gurke
Gurke (Gewürzgurke)
Hafer
Hafer Flocken (Vollkorn)
Hafer Flocken geröstet
Hafer Mehl
Hafer Milch
Hafer Schmelzlocken (Babynahrung)
Hafer Schrot
Hagebutte
Hagebuttentee
Haifisch
Hammel
Hase
Hase, wild
Haselnüsse
Hefe
Heidelbeere
Heidelbeere getrocknet
Heidelbeermarmelade
Heidelbeersaft
Heilbutt
Hibiskustee
Hijiki
Himbeerblättertee
Himbeere
Himbeere getrocknet (unreife)
Himbeermarmelade
Hiobsträne (Samen) YiYi Ren
Hirsch Fleisch
Hirsch Knochen
Hirse
Hirseflocken
Hokkaidokürbis
Holunderbeeren
Holunderblütentee
Honig
Honigmelone
Hopfen
Huhn Blut
Huhn Fleisch
Hummer

Hüttenkäse
Ingwer frisch
Ingwer Pulver
Ingweröl
Jakobstränen
Jasminblütentee
Joghurt (natur, 1,5 % Fett)
Johannisbeere (rot)
Johannisbeere (schwarz)
Johannisbeere (weiß)
Johannisbeermarmelade (rot)
Johannisbeermarmelade (schwarz)
Johannisbeernektar (schwarz)
Johannisbrotkernmehl
Kaffee
Kaffeeweißer
Kakao
Kaki-Pflaume
Kaktusfeige
Kalmus
Kamille
Kaninchen Fleisch
Kapern (eingelegt)
Kapuzinerkresse
Karambole/Sternfrucht
Karausche
Kardamom
Karotte (Frühkarotte)
Karotte (Mohrrübe, Möhre)
Karottensaft ohne Zucker
Karpfen
Kartoffel
Kartoffel (mehlige)
Kartoffelmehl
Käsepappeltee
Kastanien (Maronen)
Kaviar
Kefir
Kerbel
Kerbel getrocknet
Kichererbsen
Kirsche
Kirsche (sauer)
Kirschenkompott
Kirschsaft
Kiwi
Klementine
Klettenwurzeltee
Knäckebrot
Knoblauch
Kokosflocken
Kokosmilch
Kokosnussfleisch
Kokosraspeln

Kombualge
Kompott (Früchte der Saison)
Kopfsalat
Koriander
Koriandergrün
Korinthen (rot)
Korinthen (schwarz)
Krabbe
Krake
Kräuter bittere
Kräuter der Provence
Kräuter verschiedene
Kräuter Wildkräuter
Kräuterteemischung
Kresse
Kuhmilch (1,5 % Fett)
Kukichatee
Kümmel
Kümmel gemahlen
Kumquat
Kürbis
Kürbiskerne
Kürbiskernöl
Kurkuma (Gelbwurz)
Kuzu
Lamm Fleisch
Lamm Knochen
Lamm Schulter
Languste
Lauch (Porree)
Lauchzwiebel Schnittlauch
Laugengebäck
Lavendelblüten
Leberglättertee
Leinöl
Leinsamen
Leinsamen (geschrotet)
Liebstöckel
Liebstöckelsamen
Limabohnen
Lindenblütentee
Longane
Loquate/Japanische Mispel
Lorbeerblatt
Lotossamen
Lotoswurzeln
Löwenzahn (junger)
Löwenzahnsaft
Löwenzahnwurzeltee
Luohan-Frucht
Lychee
Lychee (Konserve)
Magermilchpulver
Mais

Mais (geröstet)
Mais (Schnellpolenta)
Mais Gries (Polenta)
Mais Mehl (Maizena)
Maishaartee
Maiskeimöl
Maisstärke
Majoran
Makannastern Samen
Makrele
Malventee
Malz
Mandarine
Mandelmilch
Mandelmus
Mandeln
Mandeln Marzipan
Mango
Mangold
Mangopulver
Mangosaft
Maniokmehl
Margarine
Margarine (Diät)
Marillen
Marillensaft
Maulbeerfrucht
Meeräsche
Meereskrebs
Mehrkornbrot (Graubrot)
Melisse
Miesmuscheln
Mineralwasser
Mirabelle
Miso
Miso schwarz (fermentiert)
Mispel
Mixed Pickels
Mohn
Molke
Moosbeere
Morchel (schwarz, getrocknet)
Mozzarella
Mu-Erh-Pilz
Mungbohne
Mungbohnensprossen
Muskatnuss
Nachtkerzenöl
Nektarine
Nelke
Nierenbohnen (rote)
Nori, Purpurtang, Rotalge
Obstmischung Fruchtsaft
Odermennig

Okra
Oliven
Oliven grün
Olivenöl
Orange
Orange abgeriebene Schale
Orange getrocknete Schale
Orange Schale
Orangenblüten
Orangenmarmelade
Orangensaft
Oregano frisch
Oregano getrocknet
Palmöl
Papaya
Paprika
Paprika (Rosenpaprikapulver)
Paprika (süß)
Paranuss
Passionsblumenblütentee
Passionsfrucht (Maracuja)
Pastinake
Peperoni
Peperoni, gelb, entkernt, halbiert
Peperoni, rot, entkernt, halbiert
Petersilie
Petersilienwurzel
Pfeffer Cayenne
Pfeffer Körner
Pfeffer weiss (gemahlen)
Pfefferminze
Pfefferminztee
Pfeilwurzelmehl
Pferd Fleisch
Pfifferlinge/Eierschwammerl
Pfirsich
Pfirsich (Dose)
Pflaume
Pflaume getrocknet
Piment
Pinienkerne
Pintobohnen gesprenkelt
Pistazien
Preiselbeere
Preiselbeermarmelade
Preiselbeersaft
Puddingpulver Vanille
Pumpernickel
Pute Brustfleisch
Pute Schinken
Qualle
Quargel 20%
Quinoa
Quitte

Radicchio
Radieschen
Rapsöl
Reh Fleisch
Reineclaude
Reis Basmatireis
Reis Duftreis
Reis Gaoliangreis (Sorghum)
Reis Klebreis
Reis Langkornreis
Reis Reisschleim
Reis Roter
Reis Rundkornreis
Reis Schwarzer
Reis Sorte beliebig
Reis Süßer
Reis Vollkorn
Reishi
Reismalz
Reismehl
Reisnudeln
Reisstärke
Rettich (weiß, grün, lila-rot)
Rettich Meerrettich (Kren)
Rettich schwarz
Rettichblätter (vom Wochenmarkt)
Rhabarber
Rind (Kalb)
Rind Filet
Rind Fleisch
Rind Fleischknochen
Rind Knochenmark
Rind Lunge (Kalb)
Roggen
Roggen Vollkornbrot
Roggenmehl
Römersalat/Lattich-Salat
Rosenblättertee
Rosenblütentee
Rosenkohl
Rosinen
Rosmarin
Rote Grütze (ohne Zucker)
Rote Rübe
Rotkohl
Safran
Sago (Getreide)
Sahne 10% Kaffeesahne
Sahne sauer 10%
Sake
Salbei
Salz
Salz Kräutersalz
Sanddorn

Sardellen/Sardine
Saubohnen (Dicke Bohnen)
Sauerampfer
Sauerkirsche
Sauerkraut
Sauermilch
Sauerteig
Schafgarbe
Schafgarbentee
Schafmilch Joghurt
Schlehdorn
Schmelzkäse 12%
Schnecke
Schwarzaugenbohnen
Schwarze Bohnen
Schwarzer Fungu Pilz
Schwarzkümmel
Schwarztee
Schwarzwurzel
Schwedenkraut (Schwedenbitter)
Schwein Blut
Schwein Darm
Schwein Fleisch
Schwein Haut
Schwein Lunge
Seegurke
Sellerie Knolle
Sellerie Stangensellerie
Senf
Senf Dijon
Senf mittelscharf
Senf süß
Senfsamen
Sesam Paste (Tahini)
Sesam, Schwarzer
Sesam, Weißer
Sesamöl
Sesamöl geröstet
Shiitake, getrocknet
Shrimps
Silbermorchel, getrocknet
Soja Cuisine (Soja-Sahne)
Soja Tofu
Soja Tofu geräuchert
Sojabohne
Sojabohnen, Gelbe
Sojabohnen, Schwarze
Sojabohnen, Schwarze, fermentiert
Sojabohnenmilch
Sojacreme
Sojamehl
Soja-Nudeln
Sojaöl
Sojapaste (Miso)

Sojasauce
Sonnenblumenkerne
Spargel (grün oder weiß)
Speiserüben
Spinat
Spitzwegerichtee
Stachelbeere
Stangenbohnen (Fisolen)
Steinpilz/Herrenpilz
Sternanis
Stevia (Süßkraut)
Stutenmilch
Süßholzwurzeltee
Süßkartoffel
Süßwasserkrebs
Tabasco
Taube
Teemischung Harnsäuresenkend
Thunfisch
Thymian
Thymian getrocknet
Toastbrot (Vollkorn)
Tomate
Tomate getrocknet
Tomatenmark
Tomatenpüre
Tomatensaft
Tonicwasser
Topfen (Quark) 20%
Trauben rot
Trauben weiß
Traubenkernöl
Traubensaft rot
Traubensaft weiß
Trüffel
Tsampa (geröstetes Gerstenmehl)
Umeboshipaste
Umeboshipflaumen (Japanaprikosen)
Vanille
Vanillepulver
Vanilleschote
Vanillezucker natur
Vogelmiere
Vogerlsalat (Pflücksalat)
Vollkornbrot
Vollkornbrot mit ganzen Körner
Vollkornmehl
Wacholderbeere
Wachskürbis
Wakame
Walderdbeeren
Walnüsse
Walnussöl
Wasser

Wasser heiss
Wassermelone
Weißdorn
Weiße Bohnen
Weißfischchen
Weißkohl/Weißkraut
Weißwurz
Weizen
Weizen Bulgurweizen
Weizen Flocken
Weizen Gras Pulver
Weizen Gries
Weizen Gries - Kindergries
Weizen Mehl
Weizen Mehl Vollkorn
Weizen/Roggen Grau- Schwarzbrot mit Hefe
Weizengrassaft
Weizenkeimöl
Wermutkraut
Wildkräuter
Wildschwein Fleisch
Wirsing/Grünkohl
Yamswurzel, Yamswurzelknolle
Yogitee

Ysop
Ziege
Ziegen- und Schafsblut
Ziegen- und Schafsmilch
Ziegenkäse
Zimtpulver
Zimtstange
Zitrone
Zitrone Saft
Zitrone Schale
Zitrone, Limette
Zitronengras
Zitronenmelisse (frisch)
Zitronenmelisse (getrocknet)
Zucchini
Zucker Fructose Fruchtzucker
Zucker Glukose Traubenzucker
Zucker Milchzucker
Zuckerersatz (Süßstoff)
Zwetschken
Zwieback
Zwiebel Frühlingszwiebel
Zwiebel rot
Zwiebel Schalotte
Zwiebel weiss

4.3   Zutaten verwenden: wenig

Aal
Aal geräuchert
Bier (alkoholarm)
Bier (alkoholfrei)
Bier (Altbier)
Bier (Pils)
Bitterlikör
Blätterteig
Brötchen (Semmel)
Butter Bio
Butterschmalz
Camembert
Campari
Creme fraiche
Emmentaler
Ente (Frühmastente, schlachtfrisch)
Ente (Herz)
Entenei
Erdnuss (geröstet)
Erdnussbutter
Fasan
Gans
Gans (Gänseklein)
Gans (Gänseschmalz)
Gänseei
Ginsenglikör

Gorgonzola
Hirsch Nieren
Honigwein (Met)
Huhn Ei
Huhn Eiweiß
Huhn Herz
Huhn Leber
Huhn Magen
Joghurt (natur, 3,5 % Fett)
Kaninchen Leber
Kokosfett
Kuhmilch (Vollmilch 3,5 % Fett)
Lamm Leber
Lamm Nieren
Löffelbiskuit
Lycheelikör
Malzbier
Martini
Mayonnaise 50%
Mayonnaise 80%
Nudeln (Vollkorn) mit Ei
Nudeln (Weizen) mit Ei
Nudeln (Weizen, Bandnudeln) mit Ei
Nudeln (Weizen, Lasagneblätter) mit Ei
Nudeln (Weizen, Spagetti) mit Ei
Parmesan

Prosecco
Rind Herz
Rind Herz (Kalb)
Rind Leber
Rind Magen
Rind Niere
Rind Ochsenschwanzstücke
Rind Suppenfleisch
Rotwein
Rum
Sahne sauer 20%
Sahne sauer 30%
Sahne, süß 30%
Sauerrahm 15% Fett
Schaffleisch
Schafskäse
Schafsmilch
Schimmelkäse
Schmelzkäse 30%
Schnaps
Schokolade
Schokolade (Diabetiker)
Schwein Bratwurst
Schwein Fett
Schwein Haxe (Eisbein)
Schwein Herz
Schwein Hirn
Schwein Leber
Schwein Magen
Schwein Markknochen
(Röhrenknochen)
Schwein Mettwurst
Schwein Nieren

Schwein Schinken
Schwein Schinken gekocht
Schwein Schinken geselcht
Schwein Schinkenspeck
Sherry
Sonnenblumenöl
Taube Ei
Tintenfisch
Topfen (Quark) 40%
Wachtel
Wachtel Ei
Walnüsse geröstet
Weißbrot (Weizenbrot)
Weißbrot Baguette
Weißbrot Brösel (Weizenbrot)
Weißbrot Knödelbrot (Weizenbrot)
Weißbrot Salzstangerl
Weißbrot Semmel
Weißwein
Weizen Bier
Weizen Fladenbrot
Wermut
Ziegen- und Schafshirn
Ziegen- und Schafsleber
Ziegen- und Schafsmagen
Zucker (Staubzucker)
Zucker (weiß, aus Rüben)
Zucker braun
Zucker Kandis weiß
Zucker Melasse
Zucker Palmzucker
Zucker Ursüße (Zuckerrohr) süß

4.4 Kontraindikativ wirkende Lebensmittel nicht verwenden

Astronautenkost
Huhn Eigelb

Schwein Schmalz

5 Komplementär

5.1 Dekokt (Abkochung)

5.1.1 Ingwer frisch

Treibt Schweiß, reduziert Blutfett, regt an, lindert Erbrechen, fördert den Speichelfluss, stärkt das Herz, wirkt schleimlösend.
1–6 Scheiben der frischen Wurzel 3 Min. in einer Kanne Wasser ziehen lassen. 10 g in zwei Dosen auf leeren Magen trinken.
Zur Geschmacksverbesserung eignet sich brauner Rohzucker
Besonderheiten: In der TCM wird die frische Ingwerwurzel hauptsächlich gegen Fischvergiftung sowie Erkältungen von Lunge und Magen verwendet. Da Ingwer die Nährstoffaufnahme fördert, wird er häufig in unterschiedlichen Rezepturen eingesetzt, um die rasche Aufnahme anderer Kräuter zu erleichtern und deren Wirkung dadurch zu verstärken. Ingwer enthält das verdauungsfördernde Enzym Zingibain. Die verdauungsfördernde Wirkung dieses Stoffes ist stärker als die des Enzyms Papain.
In zu großen Mengen führt Ingwer zu Verstopfung, Nicht anwenden bei: Schwangerschaft, hohem Fieber.

5.2 Heil-Tee (Aufguss)

5.2.1 Faulbaumrinde

Regt Darmperistaltik, Leber und Bauchspeicheldrüse an.
Ein halber Teelöffel voll Faulbaumrinde wird mit heißem Wasser (ca. 150 ml) übergossen und nach etwa 10 bis 15 Minuten durch ein Teesieb gegeben.
Amerikanische Faulbaumrinde stellt die Peristaltik des Darmes wieder her. Sie regt die Gallenblase und die Nebennierenrinde an. Sie hat eine beträchtliche Wirkung beim Entfernen der Ablagerungen im Darm und bringt das Verdauungssystem in Ordnung, indem die Sekretion des Magens, der Leber und der Bauchspeicheldrüse angeregt wird.

5.2.2 Schiefer Schillerporling, Chaga oder Tschaga

Der Extrakte aus den Knollen stimuliert das Immunsystem, wirkt entzündungshemmend und schützen die Leber und die Bauchspeicheldrüse.
Der Chaga zählt, durch seinen hohen Gehalt an Glucanen zu den

Substanzen, die in der Lage sind, regulierenden und regenerativen Einfluss auf biochemische Abläufe im Organismus zu nehmen. Dies bedeutet unter anderem, Überfunktionen wie bei einer Allergie oder Psoriasis nach unten und Unterfunktionen, z.B. im Alter, nach oben zu regulieren.

5.3 Komplementäre Anwendung

5.3.1 Ayur Veda

Ayurveda ist eine Kombination aus empirischer Naturlehre und Philosophie, welche die Ausgewogenheit des Körpers anstrebt. Ayurveda hat einen ganzheitlichen Anspruch, da der ganze Mensch mit einbezogen wird. Es werden pflanzliche Heilmittel verabreicht, welche eingenommen oder aufgetragen werden. Dadurch werden Organe gestärkt oder eine Entgiftung/Entschlackung angeregt.
Speziell bei Krebs wird das Ungleichgewicht verschiedener Elemente beschrieben und behandelt. Die Methoden der Schulmedizin mit Chirurgie, Strahlentherapien und andere Behandlungsmethoden ähneln denen der Ayurveda in vielen Punkten.

5.3.2 Heilfasten

Das Fasten zählt zu den ältesten Heilmethoden. Entgiftet und baut Immunsystem auf.
Das Fasten zählt zu den ältesten Heilmethoden. In aktuellen Untersuchungen hat sich gezeigt, dass Heilfasten konkret gegen Krebszellen vorgeht und daher eine wichtige Komponente in einer ganzheitlichen Krebstherapie darstellen kann. Es gibt schon seit vielen Jahren mehrere Kliniken, welche die Krebstherapie mit Fastenkuren verbinden und gute Erfolge haben. Die Methode wurde vor mehr als 60 Jahren bereits in Russland angewendet. Da Krebszellen meistens einen sehr hohen Stoffwechsel haben und daher auch viel Energie benötigen, werden beim Fasten auch die Entwicklung gebremst. Grundsätzlich wird beim Fasten auch der Körper von Abfallstoffen gereinigt und dadurch das Immunsystem gestärkt. Die Erfolgsaussichten sind bei den verschiedenen Krebsarten unterschiedlich.
Die Methode des Heilfastens beruht auf der Philosophie, dass durch das Fasten besonders die Krebszellen geschwächt werden. Ich halte diese Methode nur unter ärztlicher Aufsicht durchführbar. Wenn ein Körper während eines Heilungsprozesses massiv geschwächt wird kann es zu massiven Beeinträchtigungen bei der Wundheilung kommen.

5.4 Speisezugabe

5.4.1 Beifuß

Reduziert Blutungen, lindert Schmerzen. In der Küche wird Beifuß als Gewürz für fettes Essen benutzt. Da er viele Bitterstoffe enthält, kurbelt er die Fettverbrennung an und fördert die Verdauung.
3-10 g
Nicht in der Schwangerschaft verwenden.

5.4.2 Gelbwurz (Kurkuma)

Fördert die Entleerung der Gallenwege, gut gegen Magen-Darmbeschwerden. Antioxidativ, antiviral, antibakteriell und entzündungshemmend.
Für eine tägliche, dauerhafte Einnahme, kann Kurkuma zu Kartoffelpüree, Milchspeisen, Suppen oder Soßen beigemengt werden.
Wirkstoffe: äth. Öl, Bitterstoffe, Curcumin, Stärke

Gelbwurz oder Tumeric - Hat beeindruckende Erfolge bei der Behandlung von Karzinogenen und Mutagenen bei Labortieren erzielt. Konzentrierter Gelbwurz zeigte ein Vermehrung der Glutathion S-Transferase-Enzyme, die für das Leben und die Leberentgiftung von wesentlicher Bedeutung sind.
Medizinische Anwendungen: Amenorrhoea, Blutarmut, Arthritis, Asthma, Blutgerinnsel, Krebs, Candida, Katarrh, aufbauend, Husten, Ruhr, Dysmenorrhöe, Ekzeme, Winde, Gallenblasen-Erkrankungen, Gallensteine, Gastritis, Herzleiden, Hepatitis, zu hohem Cholesterinspiegel, Verdauungsstörungen, reizbarem Darm, Gelbsucht, Leberentgiftung, Schutz der Leber, Übelkeit, Fettleibigkeit, Rachenkatarrh, Hautkrankheiten, einschließlich parasitischer Hautinfektionen, Traumata, Harnwegskrankheiten, Tumore an der Gebärmutter.
Eigenschaften: Alterativ, schmerzlindernd, antibiotisch, anti-koagulant (hemmt Blutgerinnung) antifungal, entzündungshemmend, antioxidierend, antiseptisch, aromatisch, adstringierend, galletreibend, kreislaufanregend, verdauungsfördernd, den Eintritt der Monatsblutung förderndes Mittel, leberstärkend, Stimulans, unterstützt die Wundheilung.
Bei Verschluss der Gallenwege oder Gallensteinen sollte man auf Kurkuma verzichten.

5.5 Verschiedene Möglichkeiten

5.5.1 Omega-3-Fettsäuren

Senkt hohes Cholesterin und hohe Triglyceride und erhöhen das gute HDL.
Täglich ca. 250mg. Leinöl als Speisezugabe. Kapseln als Nahrungsergänzung
Omega-3-Fettsäuren sind in Algen, Pflanzen oder Fischen enthalten.

5.5.2 Reishi

Regeneriet die Leber, wirkt entgiftend und entzündungshemmend. Gut gegen chronischer Hepatitis, Schwellungen, Rötungen und Juckreiz. Reguliert das Immunsystem, weckt und unterstützt die Selbstheilungskräfte. Verbessert die Sauerstoffsättigung des Blutes.
Als Zugabe zu Tee, Kakao oder Kaffee. Als Kapseln, Extrakt, Pulver oder ganzer Pilz.
Reishi ist reich an Mineralstoffen und Spurenelementen Magnesium, Kalium, Calcium, Eisen, Zink, Kupfer, Mangan und organisch gebundenes Germanium, welches in der Tumortherapie und für die Interferonproduktion eine große Rolle spielt. Wertvollen Polysaccharide, Glykoproteine, Proteoglykane, Triterpene, Sterole, Alkaloide und eine Vielzahl weiterer hochaktiver Wirksubstanzen.

6 Grundlagen der Ernährung

Die hier beschriebenen Grundlagen der Ernährung zeigen allgemeine Empfehlungen und beziehen sich nicht auf eine spezielle Therapieform. Die Empfehlungen der Therapie haben Vorrang.

6.1 Ernährung

Die regelmäßige Einnahme von Mahlzeiten in entspannter Atmosphäre. Ein wärmendes Frühstück gilt als guter Start in den Tag. Mittags sollte die Hauptmahlzeit stattfinden - das Abendessen am frühen Abend.

Die Beachtung von Hunger- und Sättigungsgefühlen: Nicht überessen und nicht hungern, so lautet die Regel.

Die frische Zubereitung der Speisen aus naturbelassenen, regionalen Produkten. Tiefgekühlte, hitzekonservierte, industriell vorgefertigte oder mikrowellengegarte Lebensmittel werden gemieden.

Die Auswahl von Lebensmittel nach der Jahreszeit: Im Sommer mehr kühlende Nahrung, im Winter mehr wärmende Nahrung.

Mindestens zweimal am Tag Gekochtes essen. Speisen und Getränke sollen möglichst handwarm, niemals eiskalt oder heiß sein.

Rohkost, kurz gegartes Gemüse, frisch gepresste Säfte und Mineralwasser werden üblicherweise nicht empfohlen. Milch und Milchprodukte stehen nur dann auf dem Speiseplan, wenn sie problemlos vertragen werden.

Therapeutische Rezepte nicht über einen längeren Zeitraum ohne Rücksprache mit dem Arzt oder Therapeuten einnehmen.

1. Vielseitig essen

Lebensmittelvielfalt genießen. Merkmale einer ausgewogenen Ernährung sind abwechslungsreiche Auswahl, geeignete Kombination und angemessene Menge nährstoffreicher und energiearmer Lebensmittel. (Einerseits Schutz vor Unterversorgung mit essentiellen Nährstoffen und andererseits Schutz vor einer überhöhten Zufuhr unerwünschter Inhaltsstoffe.)

2. Reichlich Getreideprodukte - und Kartoffeln

Brot, Nudeln, Reis, Getreideflocken (am besten aus Vollkorn), sowie

Kartoffeln enthalten kaum Fett, aber reichlich Vitamine, Mineralstoffe, Spurenelemente sowie Ballaststoffe und sekundäre Pflanzenstoffe. Diese Lebensmittel sollten mit möglichst fettarmen Zutaten verzehrt werden.

3. Gemüse und Obst - Nimm "5" am Tag ...

5 Portionen Gemüse und Obst am Tag, möglichst frisch, nur kurz gegart, oder auch eine Portion als Saft – idealerweise zu jeder Hauptmahlzeit und auch als Zwischenmahlzeit: Damit werden reichlich Vitamine, Mineralstoffe sowie Ballaststoffe und sekundären Pflanzenstoffe (z.B. Carotinoiden, Flavonoiden) zugeführt. Das Beste, was man für die eigene Gesundheit tun kann.

4. Täglich Milch und Milchprodukte, ein- bis zweimal in der Woche

Fisch; Fleisch, Wurstwaren sowie Eier in Maßen. Diese Lebensmittel enthalten wertvolle Nährstoffe, wie z.B. Calcium in Milch, Jod, Selen und Omega-3-Fettsäuren in Seefisch. Fleisch ist wegen des hohen Beitrags an verfügbarem Eisen und an den Vitaminen B1, B6 und B12 vorteilhaft. Mengen von 300 - 600 g Fleisch und Wurst pro Woche reichen hierfür aus. Fettarme Produkte bevorzugen, vor allem bei Fleischerzeugnissen und Milchprodukten.

5. Wenig Fett und fettreiche Lebensmittel

Fett liefert lebensnotwendige (essenzielle) Fettsäuren und fetthaltige Lebensmittel enthalten auch fettlösliche Vitamine. Fett ist besonders energiereich, daher kann zu viel Nahrungsfett Übergewicht fördern, möglicherweise auch Krebs. Zu viele gesättigte Fettsäuren fördern langfristig die Entstehung von Herz-Kreislauf-Krankheiten. Pflanzliche Öle und Fette bevorzugen (z.B. Raps-, Oliven- und Sojaöl und daraus hergestellte Streichfette). Auf unsichtbares Fett achten, das in Fleischerzeugnissen, Milchprodukten, Gebäck und Süßwaren sowie in Fast-Food- und Fertigprodukten meist enthalten ist. Insgesamt 70 - 90 Gramm Fett pro Tag reichen aus.

6. Zucker und Salz in Maßen

Nur gelegentlich Zucker und Lebensmittel, bzw. Getränke verzehren, die mit verschiedenen Zuckerarten (z.B. Glucose Sirup) hergestellt wurden. Kreativ mit Kräutern und Gewürzen und wenig Salz würzen. Jodiertes Speisesalz bevorzugen.

7. Reichlich Flüssigkeit

Wasser ist absolut lebensnotwendig. Jeden Tag rund 1-2 Liter Flüssigkeit trinken. Wasser (ohne oder mit Kohlensäure) und andere kalorienarme Getränke bevorzugen. Alkoholische Getränke sollten nicht konsumiert werden.

8. Schmackhaft und schonend zubereiten

Die jeweiligen Speisen bei möglichst niedrigen Temperaturen garen, soweit es geht kurz, mit wenig Wasser und wenig Fett - das erhält den natürlichen Geschmack, schont die Nährstoffe und verhindert die Bildung schädlicher Verbindungen.

9. Sich Zeit nehmen und das Essen genießen

Bewusstes Essen hilft, richtig zu essen. Auch das Auge isst mit. Sich beim Essen Zeit lassen. Das macht Spaß, regt an, vielseitig zuzugreifen und fördert das Sättigungsempfinden.

10. Auf das Gewicht achten und in Bewegung

Ausgewogene Ernährung, viel körperliche Bewegung und Sport (30 bis 60 Minuten pro Tag) gehören zusammen. Mit dem richtigen Körpergewicht fühlt man sich wohl und fördert die Gesundheit.

Thermik, Wirkrichtung, Verdauungskraft

Es gibt unterschiedliche Kriterien, die Wirksamkeit von Kräutern und Lebensmittel zu beurteilen. Der Einsatz der Kräuter und Zutaten basiert auf Beobachtung, was die Lebensmittel, Kräuter und Gewürze nach ihrem Verzehr im Körper bewirken. In der Medizin hat sich daraus folgendes System entwickelt: Jede Zutat oder Kraut hat eine Wirkrichtung. Außerdem gibt es noch Kräuter, die eine besondere Wirkung auf bestimmte Organe haben.

Voraussetzung für einen gesunden Stoffwechsel ist es, darauf zu achten, dass wir ausreichend Energie aus der Nahrung gewinnen und der Verdauungsprozess so wenig Energie wie möglich verbraucht. Eine bekömmliche Mahlzeit macht zufrieden und satt, verursacht keine Blähungen und keine Müdigkeit nach dem Essen. Richtiges Würzen erhöht die Bekömmlichkeit unserer Speisen. Es genügen oft schon geringe Mengen an Kräutern und Gewürzen. Sie dienen nicht dazu, uns satt zu machen, sondern helfen unseren Verdauungsorganen, die Nahrung zu verdauen.

6.2 Rezepte

Die Rezepte zeigen Ihnen welche Zutaten verwendet werden sowie mit der Kochanleitung wie diese zubereitet werden. Bei den Zutaten wird neben den Mengenangaben auch die Wichtigkeit für die Therapie angezeigt. Wenn dabei angezeigt wird "weniger als angegeben" versuchen Sie diese Empfehlung einzuhalten oder eine Alternative aus der Liste der "Empfohlenen Lebensmittel" zu finden. Meistens ist es nur eine leichte geschmackliche Änderung wenn Sie diese Zutat gänzlich weglassen.

Schonende Kochmethoden: Kochen, dämpfen, pochieren, dünsten
Scharfe Kochmethoden: Grillen, rösten, anbraten, räuchern
Ausgeglichene Kochmethoden: Frittieren, Römertopf

Auf das Einfrieren und erwärmen in der Mikrowelle sollte verzichtet werden (Denaturierung).

6.3 Lebensmittel

Lebensmittel wirken wie Heilkräuter auf Körper und Geist, nur wesentlich sanfter. Die Ernährungsberatung stützt sich hauptsächlich auf heimische Lebensmittel. Das Wissen über die Wirkungsweisen jedes einzelnen Lebensmittels und das Wissen wann welche Lebensmittel zur Anwendung kommen, entstammt der Schulmedizin. Verwende Sie möglichst Erzeugnisse aus ökologischen-biologischem Landbau.

Da wegen der besseren Verdaulichkeit grundsätzlich alles lange gekocht und kaum roh gegessen wird, ist die Verträglichkeit hervorragend.

Die Einteilung der Lebensmittel entsprechend ihrer Wirkung auf den Körper und bildet die Basis, um einen ausgewogenen und harmonischen Gesundheitszustand im Körper zu erreichen.

Grundsätzlich empfiehlt die Ernährungsberatung keine bestimmten Lebensmittel für Jedermann. Ausschlaggebend für den individuellen Speiseplan ist vor allem die persönliche Konstitution.

Kaufen Sie nur frisches und reifes Obst und Gemüse ein. Braune Stellen, welke Blätter aber auch unreifes Obst und Gemüse sollten Sie im Supermarkt zurücklassen. Greifen Sie dann zu Tiefkühlware (keine Fertiggerichte!). Tiefkühlobst und -gemüse werden kurz nach dem Ernten schockgefroren und enthalten deshalb oftmals mehr Vitamine und Mineralstoffe, als die Ware aus der Obst- und Gemüsetheke! Konserven- und Dosenware dagegen enthält wesentlich weniger Biostoffe. Zudem werden Letztere meist mit Salz, Zucker usw. angereichert. Lassen Sie die Zutaten nach dem Waschen nie im Wasser liegen, denn so gehen viele Vitalstoffe ins Wasser über! Putzen Sie Salate, Früchte und Gemüse erst unmittelbar vor Verzehr.

Beachten Sie bitte die hygienische Verarbeitung der Lebensmittel. Waschen Sie Ihre Salate, Früchte und Gemüse gründlich. Bei Gerichten mit Fleisch bereiten Sie zuerst die Zutaten vor und verarbeiten dann die

Fleischprodukte. Reinigen Sie danach die Arbeitsflächen und Werkzeuge besonders gründlich. Holzunterlagen sollten regelmäßig mit leichtem Desinfektionsmittel behandelt werden um die Keimbildung einzuschränken.

Bewahren Sie Obst und Gemüse möglichst getrennt voneinander auf. Auch geerntete Früchte und Gemüse leben und strömen z.B. Ethylengas aus, das andere Sorten schneller reifen und altern lässt. Fleisch und Fisch in der verschlossenen Verpackung lassen oder in luftdichten Boxen im Kühlschrank aufbewahren.

6.4 Kräuter

Bei der Aufbewahrung und Lagerung von Heilkräutern, müssen gewisse Grundregeln beachtet werden. Grundsätzlich müssen Heilkräuter geschützt vor direkter Sonneneinstrahlung, vor Feuchtigkeit und vor heißen Temperaturen gelagert werden.

Als Gefäße für die Lagerung von Heilkräutern können Gläser, Keramik-Behälter und zur Not auch Plastik-Dosen eingesetzt werden. Plastik ist aber ein sehr unreines Material und sollte daher wirklich nur eine kurzfristige Notlösung sein. Bei Glasbehältern ist darauf zu achten, dass dunkles Glas verwendet wird.

Heilkräuter können nicht beliebig lange aufbewahrt werden. Die Haltbarkeit von Heilkräutern ist auf jeden Fall begrenzt. Durch die Haltbarkeitsdauer kann durch sachgerechte Lagerung wesentlich erhöht werden. So soll der Lagerplatz dunkel, eher kühl und absolut trocken sein. Ein Medizinschrank aus Holz, der nicht direkt bei einer Wärmequelle platziert ist wäre ideal. Um Ihre Heilkräuter nicht wegwerfen zu müssen, kaufen Sie nicht zu große Mengen an Heilpflanzen. Beschriften Sie die Behälter mit dem Namen des Heilkrauts und dem Datum der Ernte bzw. der Verarbeitung.

7 Weitere Ernährungsvorschläge

Folgende Syndrome der Diätetik, der TCM oder als Therapieergänzung bei Krebs sind verfügbar.

DIÄTETIK
1. Ernährung des Säuglings - Beikost
2. Ernährung in der Stillzeit
3. Ernährung im Alter
4. Ernährung von Kindern und Jugendlichen
5. Ernährung von Sportlern
6. Leichte Vollkost
7. Schwangerschaft
8. Vollkost

Eiweiß und Elektrolyt – Nieren
9. (Hämo-)Dialysebehandlung
10. Akutes Nierenversagen
11. Chronische Niereninsuffizienz
12. Nephrotisches Syndrom
13. Nierensteine (Nephrolithiasis)

Gastrointestinaltrakt - Bauchspeicheldrüse
14. Akute Pankreatitis (Entzündung der Bauchspeicheldrüse)
15. Chronische Pankreatitis (Entzündung der Bauchspeicheldrüse)

Gastrointestinaltrakt - Dünndarm und Dickdarm
16. Akute Obstipation (Verstopfung)
17. Chronische Obstipation (Verstopfung)
18. Colon irritabile
19. Divertikulitis
20. Erworbene Laktoseintoleranz (Laktosemalabsorption)
21. Fruktosemalabsorption
22. Glutensensitive Enteropathie (Zöliakie)
23. Kolektomie
24. Kurzdarmsyndrom

Gastrointestinaltrakt - Leber, Gallenblase, Gallenwege
25. Akute und chronische Hepatitis (Entzündung der Leber)
26. Cholelithiasis (Gallensteine)
27. Fettleber
28. Leberzirrhose

Gastrointestinaltrakt - Magen und Zwölffingerdarm
29. Akute Gastritis
30. Chronische Gastritis
31. Magenblutung
32. Ulcus ventriculi und Ulcus duodeni
33. Zustand nach Magenoperation

Gastrointestinaltrakt - Mundhöhle und Speiseröhre
34. Mundschleimhautentzündung
35. Ösophaguskarzinom (Speiseröhrenkrebs)
36. Reflüxösophagitis (Sodbrennen)

spezielle Krankheiten
37. Phenylketonurie (PKU)
38. Rheumatische Gelenkserkrankungen

Stoffwechsel
39. Adipositas (Übergewicht)
40. Diabetes mellitus
41. Essstörungen (Untergewicht)
Fettstoffwechsel
42. Hypercholesterinämie (erhöhter Cholesterinspiegel)
43. Hepatische Enzephalopathie
Herz- und Kreislauf
44. Arteriosklerose (Arterienverkalkung)
45. Herzinsuffizienz
46. Hypertonie (Bluthochdruck)
47. Hyperurikämie und Gicht
veränderter Nährstoffbedarf
48. bei Fieber
49. bei malignen Erkrankungen
50. nach Verbrennungen
51. Strahlen- und Chemotherapie

KREBS
100. Bauchspeicheldrüse
101. Blasenkrebs
102. Blutkrebs (Leukämie)
103. Brustkrebs
104. Darmkrebs
105. Magenkrebs
106. Nierenkrebs
107. Speiseröhrenkrebs

TCM
200. Blase - Feuchte Hitze in der Blase
201. Blase - Feuchtigkeit und Kälte in der Blase
202. Blase - Leere und Kälte in der Blase
203. Dickdarm - äussere Kälte befällt den Dickdarm
204. Dickdarm - Feuchte Hitze im Dickdarm
205. Dickdarm - Hitze blockiert den Dickdarm II akut
206. Dickdarm - Trockenheit des Dickdarms
207. Dickdarm - Yang Mangel (Kälte)
208. Herz - Blut Mangel
209. Herz - Blut Stagnation
210. Herz - Feuer
211. Herz - Heisser Schleim verstopft die Herzporen
212. Herz - Kalter Schleim verstopft die Herzporen
213. Herz - Qi Mangel
214. Herz - Yang Mangel
215. Herz - Yin Mangel
216. Leber - aufsteigender Leber-Yang
217. Leber - Blut-Mangel
218. Leber - Blut-Stagnation
219. Leber - feuchte Hitze in Leber und Gallenblase
220. Leber - Feuer
221. Leber - Gallenblase Qi-Leere
222. Leber - Kälte im Lebermeridian
223. Leber - Qi-Stagnation

224. Leber - Wind
225. Leber - Wind mit aufsteigendem Leber Yang
226. Leber - Wind mit Blutleere
227. Leber - Wind mit extremer Hitze
228. Lunge - Qi Mangel
229. Lunge - Schleim-Feuchtigkeit in der Lunge
230. Lunge - Schleim-Hitze in der Lunge
231. Lunge - Schleim-Kälte in der Lunge
232. Lunge - Trockenheit der Lunge
233. Lunge - Wind-Hitze befällt die Lunge
234. Lunge - Wind-Kälte befällt die Lunge
235. Lunge - Yin Mangel
236. Magen - Blutstagnation
237. Magen - Feuer
238. Magen - Magenkälte mit Flüssigkeit
239. Magen - Nahrungsstagnation
240. Magen - Qi Mangel
241. Magen - rebellierendes Magen Qi
242. Magen - Yin Leere
243. Milz - Hitze und Feuchtigkeit befällt die Milz
244. Milz - Kälte und Feuchtigkeit befällt die Milz
245. Milz - Qi Mangel
246. Milz - Qi Mangel + Absinkendes MilzQi
247. Milz - Qi Mangel + Milz kontrolliert das Blut nicht
248. Milz - Yang Mangel
249. Niere - Herz und Niere kommunizieren nicht mehr
250. Niere - Jing Mangel
251. Niere - Nieren können das Qi nicht empfangen
252. Niere - Qi ist nicht fest
253. Niere - Yang Mangel
254. Niere - Yin Mangel